消防管理与消防安全技术探索

袁利锋　邢　军　彭华伟　主编

湘潭大学出版社
XIANGTAN UNIVERSITY PRESS

图书在版编目（CIP）数据

消防管理与消防安全技术探索 / 袁利锋，邢军，彭华伟主编. -- 湘潭 : 湘潭大学出版社，2025. 6.
ISBN 978-7-5687-1809-7
Ⅰ. D631.6；TU998.1
中国国家版本馆 CIP 数据核字第 2025XU3408 号

消防管理与消防安全技术探索

XIAOFANG GUANLI YU XIAOFANG ANQUAN JISHU TANSUO

袁利锋 邢军 彭华伟 主编

策划编辑：肖 萑
责任编辑：肖 萑
封面设计：刘玄文
出版发行：湘潭大学出版社
社 址：湖南省湘潭大学工程训练大楼
电 话：0731-58298960 0731-58298966（传真）
邮 编：411105
网 址：http://press.xtu.edu.cn/
印 刷：长沙创峰印务有限公司
经 销：湖南省新华书店
开 本：787 mm×1092 mm 1/16
印 张：9.75
字 数：220 千字
版 次：2025 年 6 月第 1 版
印 次：2025 年 6 月第 1 次印刷
书 号：ISBN 978-7-5687-1809-7
定 价：58.00 元

前　言

在人类与火焰共生的漫长岁月里，火曾点亮文明的曙光，也曾吞噬繁华的城池。从北京猿人保存火种的灰烬堆，到古罗马城夜间巡更的“守火人”；从工业革命时期照亮夜空的煤气灯，到今日超高层玻璃幕墙内跃动的电子信号；人类始终在驯服与驾驭火焰的双重命题中寻找平衡。而今，这种平衡正面临前所未有的考验——当城市的天际线突破千米高度，当锂电池的能量密度以每年 8%的速度攀升，当元宇宙的虚拟空间开始模拟火焰的蔓延规则，消防安全管理已悄然蜕变为一场融合技术理性、社会协作与哲学思辨的复杂实践。

处在这个充满张力的时代节点，我们不得不直面三重悖论：技术的狂飙突进在提升灭火效率的同时，也制造了新的风险盲区；全球化标准试图构建统一的安全框架，却与地域文化的多样性激烈碰撞；数字监控织就密不透风的防护网，却也在隐私权的边界激起涟漪。2021 年某国际港口因锂电池自燃引发的连锁爆炸，使全球供应链中断了 72 h；2022 年元宇宙平台上一场失控的“虚拟火灾”，竟引发数千名用户的真实焦虑——这些事件如同棱镜，折射出传统消防管理范式的局限性。

本书的写作，始于回应上述挑战的实践和对消防管理本质的重新思考。编者尝试跳出“灾后救援”的被动逻辑，转而构建一个涵盖风险预测、技术免疫、文化培育的全周期管理体系。在理论篇中，您将看到瑞士奶酪模型如何解释伦敦格伦费尔塔大火的悲剧，系统韧性理论又如何重塑东京防灾公园的设计哲学；在技术篇中，编者会带您潜入迪拜哈利法塔的“双冗余消防管道”，剖析上海中心大厦的 BIM 烟气模拟算法，甚至触碰澳大利亚科学家编辑桉树基因的实验室器皿；在机制篇中，新加坡社区消防大使的巡查记录、德国消防联盟的 5 min 响应网络、中国城中村电气改造的“深圳模式”，将共同为您拼贴出一幅多元共治的全球图景。

这不仅仅是一本关于消防技术的工具书。当您翻阅这些章节时，会遇见行为经济学家用“助推理论”重新设计疏散标识，材料学家在纳米尺度上重构阻燃剂的分子结构，法学家为元宇宙虚拟火源拟定责任条款。编者试图运用交叉学科，将消防管理分解为无数个相互啮合的齿轮——有的驱动政策法规的精密运转，有的传导技术创新的能量脉冲，有的链接着社区志愿者的每一次敲门提醒。这些齿轮的咬合声，谱写了现代社会抵御风险的交响乐。

目　录

第一章　消防管理的基础知识

第一节　火灾科学基础与风险演化规律

消防管理的基础理论是基于火灾科学和管理学的相关知识，旨在通过一系列原理、原则和方法，对消防工作进行有效地组织、计划、指挥、协调和控制。它涵盖了火灾发生的机理、发展规律以及影响因素，贯彻以预防为主、防消结合的方针，运用科学的管理手段（如制定消防法规、消防安全制度），进行消防宣传教育、防火检查、火灾隐患整改等，增强社会整体的消防安全意识和抗御火灾的能力，以减少火灾事故的发生及其造成的人员伤亡和财产损失，保障社会公共安全和经济社会的稳定发展。

一、火灾的科学基础

（一）火灾的科学定义与燃烧机理

1．火灾的科学定义

火灾是在时间或空间上失去控制的燃烧过程，伴随放热、发光及烟气生成，本质是可燃物与氧化剂发生的剧烈氧化还原反应。国际标准化组织（ISO）将其定义为“uncontrolled combustion that causes damage to property or endangers life”，强调“失控性”与“危害性”的双重属性。

2．燃烧三要素与链式反应

（1）传统三要素

可燃物：分为固体（木材、塑料等）、液体（汽油、酒精等）、气体（甲烷、氢气等），其火灾危险性由闪点、燃点、自燃点等参数表征（如汽油闪点−50 ℃，属于甲类易燃液体）。

氧化剂：空气中氧气（体积占比约21%）是最常见氧化剂，当氧浓度低于15%时，多数可燃物无法维持燃烧。

引火源：包括明火（焊接火花）、高温物体（电热器具）、电气火花（短路电弧）、化学能（自燃反应）等，能量需达到可燃物最小点火能（如氢气最小点火能 0.02 mJ）。

（2）链式反应

在传统三要素基础上增加“链式反应”与“燃烧环境”。其中，链式反应指出燃烧是通过自由基（如 H·、OH·）引发的连锁反应，抑制自由基生成可灭火（如干粉灭火剂的化学抑制作用）。

3．火灾的分类体系

按可燃物类型（GB/T 4968–2008）：

A 类火灾（固体物质火灾，如木材、棉麻）；

B 类火灾（液体或可熔化固体火灾，如汽油、石蜡）；

C 类火灾（气体火灾，如天然气、氢气）；

D 类火灾（金属火灾，如钾、镁）；

E 类火灾（带电火灾，如电气设备）；

F 类火灾（烹饪器具内的烹饪物火灾，如动植物油脂）。

按发生场所，可分为建筑火灾、森林火灾、交通工具火灾、工业火灾等，其中建筑火灾占比超 70%（应急管理部 2023 年统计）。

（二）火灾发展的动力学过程

1．火灾发生的阶段性特征

（1）孕育期（隐患积累）

该阶段可燃物堆积、电气线路老化、消防设施故障等隐患形成，可通过风险评估识别（如采用安全检查表 SCL 法）。

（2）引燃期（初始燃烧）

引火源能量达到可燃物点燃温度，形成局部火焰，分为阴燃和明火燃烧。阴燃指固体可燃物在低氧条件下的无焰燃烧（如 Smoldering Wood），易在床垫、堆垛中发生；明火燃烧指可燃气体或蒸汽与空气混合后剧烈反应，可见火焰。

（3）发展期（火焰蔓延）

通过热传导、热对流、热辐射三种方式扩大燃烧范围，典型现象包括轰燃和回燃。轰燃（Flashover）是室内火灾从局部燃烧转变为全室燃烧的现象，当房间平均温度达到 500 ℃以上，辐射热成为主要传热方式，标志火灾进入充分发展阶段；回燃（Backdraft）指密闭空间内氧气耗尽后，突然引入新鲜空气导致的爆燃，常见于扑救门窗紧闭的火灾。

2．火灾动力学模型

（1）区域模型（Zone Model）

将火场分为烟气层与空气层，计算两区间的质量、能量交换，代表软件如 CFAST（Consolidated Model of Fire Growth and Smoke Transport）。

（2）场模型（Field Model）

基于计算流体力学（CFD）模拟火灾场景，精确描述温度、速度、组分分布，代表软件如 FDS（Fire Dynamics Simulator），可模拟超高层建筑火灾烟气流动（如上海中心大厦消防性能化设计）。

二、火灾的风险演化规律与防控体系

（一）火灾风险的四维要素体系

1．人的不安全行为（Human Factor）

（1）直接诱因

违规动火（如未清理易燃物进行焊接）、电气错误操作（如私拉乱接电线、过载用电）、用火疏忽（如卧床吸烟、厨房无人看管），据统计，60%以上的住宅火灾由人为因素引起（NFPA 2023 报告）。

（2）认知缺陷

缺乏消防知识（如不会使用灭火器）、侥幸心理（认为“火灾不会发生在自己身边”）、逃生技能不足（如不使用疏散楼梯而盲目跳楼）。

2．物的不安全状态（Material Factor）

（1）可燃物风险

火灾荷载密度（单位面积可燃物等效木材质量，kg/m^2）过高，如数据中心服务器机房火灾荷载达 200 kg/m^2，远超普通办公室火灾荷载水平（50 kg/m^2）。

（2）消防设施失效

自动喷水系统管网漏水、火灾报警系统误报漏报、防火门闭门器损坏，2022 年某商业综合体火灾中，因排烟风机控制柜断电，导致烟气蔓延至疏散通道。

3．环境的不利影响（Environmental Factor）

（1）气象条件

高温（>35 ℃）、干燥（相对湿度<40%）、大风（>6 级）等因素可加速火灾蔓延，2023 年重庆山火因持续 40 ℃高温加上 8 级阵风，过火面积达 1 000 hm^2。

（2）建筑特性

高层建筑“烟囱效应”（竖直通道内烟气上升速度达 6~8 m/s）、地下空间“密闭缺氧”（氧气浓度每下降 1%，人体耐力下降 10%）、大空间建筑“热浮力驱动”（如体育馆火灾烟气层高度达 20 m 以上）等特性都不利于控制和扑救火灾。

4．管理的系统性漏洞（Management Factor）

（1）制度缺失

未制定消防安全管理制度、动火作业审批流程形同虚设、消防巡查记录造假。

（2）责任虚化

单位消防安全责任人不明确、消防控制室值班人员脱岗（如 2019 年北京某商场火灾中，消控室无人值守导致报警未处理）隐患整改资金不到位。

（二）火灾风险演化的动力学模型

1．经典事故致因理论应用

（1）海因里希因果连锁理论

火灾事故是“遗传及社会环境→人的缺点→不安全行为或状态→事故→损失”五个因素连锁反应的结果，强调消除前三者可切断事故链。

（2）瑞士奶酪模型（Reason Model）

火灾风险是多层面防御失效的结果，“设计缺陷（第一层孔洞）→施工违规（第二层孔洞）→维护不足（第三层孔洞）→操作失误（第四层孔洞）”叠加导致事故，2010 年上海胶州路大火即因保温材料易燃（设计）、无证电焊（施工）、巡查缺失（维护）、报警延迟（操作）多重机制失效叠加引发。

2．风险演化的三阶段模型

（1）隐患形成期（潜伏期）

物理化学过程：可燃物氧化放热（如煤堆自燃前的缓慢升温）、电气绝缘老化（绝缘电阻从 100 MΩ降至 1 MΩ）。

管理漏洞积累：消防检查频次不足（如按规定应每日巡查却每周一次）、培训记录造假（未实际开展演练却填写记录）。

（2）风险耦合期（发展期）

触发条件：高温天气导致电线绝缘层软化短路、人员违规丢弃烟头至易燃物堆。

链式反应：短路火花引燃周边可燃物→火焰热辐射烤燃相邻材料→烟气蔓延触发报警系统（若系统失效则进入失控状态）。

（3）事故突发期（爆发期）

临界状态：当热释放速率超过自动喷水系统，设计流量（如仓库 ESFR 系统设计流量 16 L/min • m^2，实际达 20 L/min • m^2），烟气层降至疏散高度（2 m 以下）。

突变特征：轰燃导致温度骤升（1 000 ℃以上）、回燃引发爆燃（压力突增 0.5~1 atm），造成灾难性后果。

3．火灾风险的量化评估方法

（1）事件树分析（ETA）

从初始事件（如电线短路）出发，分析后续事件（报警是否正常、喷淋是否启动、人员是否疏散）的成功或失败概率，计算事故发生概率（如 $P=0.1\times0.2\times0.3=0.006$）。

（2）事故树分析（FTA）

以火灾事故为顶事件，向下分解基本事件（如“消防电源断电”“喷头堵塞”），通过最小割集确定关键风险点（如“电源断电”和“备用电源失效”构成最小割集）。

（三）建筑火灾风险演化规律

1．高层建筑（＞250 m 超高层）

（1）风险要素

垂直蔓延快：电梯井、管道井形成“烟囱效应”，烟气上升速度达 10 m/s，远超人员疏散速度（1~2 m/s）。

消防依赖度高：全靠自动喷水系统、机械排烟系统、消防电梯等设施，一旦相关设备设施失效则（如水泵控制柜故障）风险骤增。

（2）演化特征

初期（1~3 min）：起火房间内火焰发展，感烟探测器报警，消防联动启动本层及相邻层排烟。

中期（3~10 min）：烟气进入竖井，触发高层压力送风系统，若送风不足则楼梯间被烟气侵入。

后期（10 min 后）：可能发生跨层蔓延（如通过外窗火舌引燃上层阳台可燃物），2018 年迪拜火炬大厦火灾即因外墙装饰材料易燃，火焰沿外立面向上升腾，15 min 内蔓延 50 层。

2．地下空间（地铁、地下商场）

（1）风险要素

封闭环境：自然通风差（换气次数＜2 次/h），烟气滞留时间长（可达 30 min 以上）。

疏散困难：无自然采光（照度＜1 lx）疏散路径复杂（如地下商场通道长度超 200 m）人员易迷失方向。

（2）演化特征

烟气分层：初期形成高温烟气层（50~100 ℃），逐渐下降至地面，CO 浓度快速升高（安全阈值 50 ppm，危险阈值 1 000 ppm）。

氧气耗竭：燃烧消耗氧气，地下空间氧浓度可降至 15%以下，导致人员呼吸困难、行动能力下降。

3．人员密集场所（商场、医院）

（1）风险要素

可燃物集中：商品货架（纸制包装占比 60%）、室内装修材料（胶合板、地毯）、人员携带易燃品（如发胶、充电宝）。

疏散复杂性：老人、儿童占比高（医院达 40%），行动速度慢（平均疏散速度 0.5 m/s），易发生拥挤踩踏。

（2）演化特征

初期易被忽视：小火可能被误认为“香烟烟雾”，导致报警延迟（如 2014 年某商场火灾中，顾客发现明火 3 min 后才拨打 119）。

连锁反应：人群恐慌导致疏散通道堵塞，消防设施被遮挡（如灭火器被商品堆垛包围），形成“逃生—扑救”双重失效。

（四）工业与特殊领域火灾风险

1．化工火灾（甲类易燃液体储罐区）

（1）风险要素

物质危险性：汽油、苯等液体闪点＜28 ℃，蒸汽与空气混合形成爆炸性混合物（爆炸极限 1.2~7.0%）。

工艺风险：蒸馏塔超温超压（设计压力 1.0 MPa，实际达 1.5 MPa）管道法兰泄漏（泄漏速率 50 L/min 以上）。

（2）演化特征

泄漏—蒸发—扩散：液体泄漏后蒸发为气体，沿地面扩散至点火源（如静电火花），引发池火或喷射火。

沸溢与喷溅：含水原油储罐火灾中，高温使底层水沸腾，导致油品喷溅（高度可达 30 m），扩大燃烧范围。

2．新能源火灾（锂电池储能电站、电动汽车）

（1）风险要素

热失控机制：过充（充电电流＞1 C）、短路（内电阻＜50 mΩ）、高温（＞60 ℃）导致 SEI 膜分解，释放 O_2、CO、C_2H_4 等可燃气体。

链式反应：单个电池热失控引发相邻电池热蔓延（热传导速率 50 W/m·K），形成“电池簇级”火灾。

（2）演化特征

预警困难：热失控前仅表现为电压异常（变化＜5%），传统烟感无法检测早期故障。

灭火挑战：锂电池火灾需持续喷水冷却（冷却强度≥20 L/min・m^2），防止复燃（2023 年某储能电站火灾复燃达 12 次）。

3．森林火灾

（1）风险要素

可燃物载量：针叶林含树脂（燃烧热达 20 MJ/kg），枯落物厚度＞5 cm 时易形成地表火。

气象驱动：干旱（含水率＜20%）、高温（＞35 ℃）、大风（＞15 m/s）形成“火上三要素”，2021 年美国加州山火因“圣安娜风”加速，火势以 8 km/h 推进。

（2）演化特征

火行为多样：地表火（高度＜1 m）、树冠火（高度＞10 m）、飞火（燃烧的树枝被吹送 500 m 以上）。

生态链破坏：过火面积超 30%时，可能引发水土流失、生物灭绝，形成长期环境风险。

（五）基于“风险源—传播路径—承灾体”的防控模型

1．风险源控制

（1）源头减量

使用难燃材料（如 B1 级保温板替代 B2 级）、限制危险化学品存量（如工厂单日存放量≤1 000 L）。

（2）本质安全设计

锂电池设置过温保护电路（温度＞60 ℃自动断电）、化工装置安装紧急切断阀（响应时间＜2 s）。

2．传播路径阻断

（1）被动防火

设置防火墙（耐火极限 3.0 h）、防火卷帘（下降速度 2.0~7.5 m/min）、防火封堵（阻火包膨胀倍数≥3 倍）。

（2）主动干预

自动喷水系统动作温度 68 ℃（快速响应喷头）、气体灭火系统喷放时间＜10 s（全氟己酮灭火剂）、机械排烟系统风量≥60 m^3/h。

3．承灾体强化

（1）人员防护

设置避难层（超高层每 50 m 设一层）、配备过滤式自救呼吸器（防护时间≥30 min）、开展逃生演练（每年≥2 次）。

（2）财产保护

重要设备采用防火罩（耐火极限 2.0 h），数据中心配置气体灭火+水喷雾组合系统（双重保护）。

三、火灾的监测技术与防控实践

（一）火灾风险演化的动态监测技术

1．早期预警技术

（1）吸气式感烟探测器

通过管道抽取空气样本，可检测 0.001% obs/m 的极早期烟雾（如数据中心应用）。

（2）红外热成像仪

能监测物体表面温度异常（精度±2 ℃），发现电气接头过热（＞100 ℃预警）。

2．实时监测系统

（1）智慧消防物联网

采集消防设施状态（水压、电压）及环境参数（温度、湿度），通过 LoRa/NB-IoT 传输，预警响应时间＜10 s。

（2）无人机巡检

对森林、化工园区进行红外扫描，识别热点区域（温度＞环境温度 15 ℃标记为火点）。

3．风险预测模型

（1）机器学习算法

基于历史火灾数据（时间、地点、原因），建立随机森林模型预测高风险区域（准确率达 85%）。

（2）数字孪生技术

构建建筑三维模型，模拟火灾烟气流动，优化疏散路线（如某机场航站楼通过数字孪生将疏散时间缩短 20%）。

（二）预防策略：从“经验防火”到“科学防控”

1．精准风险评估

引入火灾动力学模拟（如 FDS 软件）验证建筑防火设计，替代传统“保守设计”，例如大空间展厅通过性能化设计允许增大防火分区面积。建立企业火灾风险“数字档案”，动态更新可燃物清单、消防设施状态、人员培训记录，实现“一企一策”管理。

2．隐患治理的本质安全化

对高风险场所（如锂电池仓库）实施“本质安全改造”：安装全氟己酮自动灭火装置、设置电池热失控隔离舱（耐火极限 1.5 h）。

推广“隐患溯源管理”，通过事故树分析确定根本原因（如某商场火灾隐患根源是“消防电源设计缺陷”），消除类似隐患。

（三）应急响应：基于风险演化规律的科学处置

1．灭火救援的动力学导向

高层建筑火灾，优先控制竖井烟气（启动加压送风系统）而非直接灭火，防止“烟囱效应”加剧火势。

处置锂电池火灾时，遵循“先断电、再冷却、后隔离”原则，使用大量水（水体积/电池重量≥50 L/kg）持续降温至室温（＜40 ℃）。

2．疏散策略的动态优化

利用实时烟气监测数据（如 FDS 模拟的烟气层高度），通过消防应急广播动态调整疏散方向（如“请 3~5 层人员向东侧楼梯疏散”）。

行动不便人群（如养老院老人），提前规划“避难—救援”结合策略，在房间内设置临时避难区（配备独立供氧装置）。

（四）技术创新：破解现代火灾演化难题

1．抗风险型消防设施研发

“防失效”自动喷水系统：采用双水源（市政供水+消防水池）、双动力（电动泵+柴油机泵），确保在断电、断水时仍能工作 1 h 以上。

锂电池专用灭火剂：如复合电解质抑制剂（CEI），可在 10 ms 内抑制热失控链式反应，灭火效率较传统水剂提升 3 倍。

2．风险演化的数字孪生预警

构建城市级火灾风险数字孪生平台，接入气象数据、建筑数据、消防设施数据，实时模拟火灾演化过程，提前 72 h 发布风险预警（如“明日高温橙色预警，某化工园区火灾风险等级提升至红色”）。

利用区块链技术存证风险演化数据，实现火灾事故“全链条追溯”（从隐患形成到事故处置的所有数据不可篡改）。

火灾科学揭示了火灾发生发展的内在规律，而风险演化规律则为消防管理提供了精准防控的“路线图”。从燃烧传统三要素的基础理论到现代火灾动力学模型，从四维风险要素分析到典型场景演化特征，消防安全管理正从“事后灭火”转向“事前控险”。未来，需进一步融合火灾科学、大数据、AI（Artificial Intelligence，以下简称 AI）等技术，构建“风险可测、隐患可控、事故可防”的现代化消防管理体系，实现从被动应对到主动管理火灾风险的历史性跨越。

第二节　公共安全视角下的消防管理模型

公共安全视角下的消防管理模型，强调将火灾风险防控融入社会综合治理体系，以系统性、协同性、韧性为核心，构建“全主体参与、全过程覆盖、全要素管控”的动态管理框架。

一、消防模型构建与运行机制

（一）公共安全的核心内涵与范畴

公共安全是指通过系统性治理，防范和应对威胁公众生命财产、社会秩序及生态环境的各类风险，实现“安全、有序、可持续”的社会状态。其核心特征包括：

1．系统性

涵盖自然灾害、事故灾难、公共卫生、社会安全四大领域，消防管理作为事故灾难防控的重要组成部分，需与应急管理、城市安全、社区治理等系统协同。

2．动态性

风险要素随城市化、技术革新不断变化（如高层建筑、锂电池储能、地下空间开发带来的新型火灾风险）。

3．共治性

依赖政府、企业、公众、社会组织等多元主体协同，单一主体难以有效应对复杂风险（如 2021 年郑州“7·20”特大暴雨中，消防救援与社区自救、社会力量支援的联动效应）。

（二）消防管理的公共安全属性定位

1．消防管理是火灾风险防控的基础

火灾是最频发的事故灾难（占各类事故的 60%以上），直接威胁生命财产安全，其防控效果影响公共安全体系整体效能。例如：人员密集场所火灾防控不足可能引发群死群伤，破坏社会秩序（如 2014 年上海外滩踩踏事故虽非火灾，但暴露公共安全管理漏洞）；工业火灾可能伴随有毒气体泄漏（如 2019 年江苏响水化工爆炸事故释放大量 NO_2、CO），造成区域性环境安全威胁。

2．消防应急体系是消防管理的核心

消防救援队伍作为国家综合性应急救援的“主力军”，承担 70%以上的应急处置任务（应急管理部 2023 年数据），其能力建设直接影响公共安全应急响应效率。

（1）特种设备配备

高层建筑火灾救援依赖登高平台消防车（举升高度≥100 m）、无人机侦察等特种装备，应按消防救援队伍级别配备。

（2）跨区域应急联动机制

联动机制（如长三角消防救援协作协议）提升重大灾害处置效能，2024 年某省化工火灾中，周边 3 市消防力量 60 min 内完成集结，缩短处置时间 40%。

3．消防管理是社会治理的重要切入点

消防管理通过“网格化排查”“社会化宣传”等手段融入基层社会治理，成为提升公众安全意识、培育安全文化的重要载体。如社区消防“楼长”制度（北京、上海试点）将消防管理嵌入基层治理单元，实现“隐患发现—整改—销案”闭环；“消防安全进学校”活动（全国中小学覆盖率达 100%）培养青少年安全习惯，间接提升家庭及社会整体安全水平。

（三）“三维五要素”核心消防管理模型构建

基于公共安全系统性、共治性、动态性特征，构建“主体维–过程维–资源维”三维模型，整合“人、物、环境、管理、技术”五大要素：

1．主体维：多元共治架构

（1）政府主导层

应急管理部门统筹协调，消防救援机构执法监管，住建、教育、文旅等行业部门履行“管行业必须管安全”职责。

（2）社会执行层

社会单位落实主体责任（如企业消防安全责任人制度），消防技术服务机构提供专业支持（检测、评估、培训）。

（3）公众参与层

公民遵守消防法规、参与隐患排查（如“96119”火灾隐患举报热线年均受理 120 万条举报消息）、加入消防志愿者队伍（全国超 1 200 万人）。

（4）社会组织层

行业协会（如中国消防协会）制定自律标准，保险机构通过费率杠杆引导风险防控（如火灾公众责任险浮动费率机制）。

2．过程维：全链条管理流程

（1）预防阶段

风险评估（城市火灾风险普查）、规划设计（城乡消防专项规划）、源头管控（建设工程消防设计审查）。

（2）控制阶段

隐患排查（双随机检查）、标准化管理（ISO 45001 消防安全模块）、技术防控（智慧消防系统实时监测）。

（3）应急阶段

预案制定（灭火和应急疏散预案）、实战演练（跨部门联合演练每年≥2 次）、科学处置（基于 FDS 模拟的灭火救援指挥）。

（4）恢复阶段

灾后损失评估、隐患整改复查、经验总结转化（如将某火灾事故教训纳入同类场所设计标准）。

3．资源维：全要素保障体系

（1）法规标准

以《中华人民共和国消防法》（以下简称《消防法》）为核心，配套国家标准（GB）行业标准（GA）地方规范（DB），形成“法律—技术—操作”三级支撑。

（2）技术装备

配备特种消防车（如大跨度举高车、涡喷消防车）、智能监测设备（吸气式感烟探测器、物联网水压传感器）、应急通信系统（卫星便携站、Mesh 自组网）。

（3）资金人力

中央与地方财政保障消防基础设施（2024 年全国消防业务经费预算超 1 500 亿元），培养注册消防工程师（超 60 万人）消防设施操作员（超 200 万人）专业队伍。

（四）消防管理模型运行的核心机制

1．风险研判与预警机制

建立“城市火灾风险评估指标体系”，包含 3 个一级指标（火灾致灾因子、承灾体脆弱性、应急响应能力）和 12 个二级指标（如建筑密度、消防车道达标率），通过层次分析法（AHP）确定风险等级。

利用大数据分析历史火灾数据，结合气象、人口密度等实时数据，构建“火灾风险热力图”，实现“红、橙、黄、绿”四级预警（如深圳通过热力图将电动自行车充电火灾高发区域设为红色预警，针对性部署智能充电柜）。

2．协同联动与响应机制

（1）纵向联动

建立“部—省—市—县—社区”五级应急响应网络，明确不同等级火灾的指挥权限（如重大火灾由省级应急管理厅直接调度）。

（2）横向协同

与公安、卫健、环保等部门建立信息共享平台（如消防救援机构实时获取医院床位、危化品存储位置等数据），2023 年某化工火灾中，环保部门提前介入监测有毒气体扩散，避免二次灾害。

（3）社会联动

规范社会力量参与流程（如民间救援队备案制度），建立“政府购买服务”机制（如委托第三方机构开展社区消防巡查）。

二、多元协同治理体系

（一）消防管理的政府主导作用：顶层设计与统筹协调

1．政策法规体系构建

落实《“十四五”国家消防工作规划》，推动“消防管理纳入城市安全风险综合监测预警平台”，争取在 2025 年前实现 300 个城市全覆盖；修订《消防法》配套规章，明确新业态消防责任（如电商仓库、新能源汽车充换电站），解决“责任真空”问题（如 2022 年某共享汽车充电火灾因责任划分不清导致处置延误）。

2．公共消防资源配置

（1）城乡消防规划“一张图”

新建城区按 5 min 消防服务半径设置消防站（用地面积≥3 000 m^2），老旧城区通过“微型消防站”补短板（如北京胡同每 500 m 设 1 个，配备电动消防车）。

（2）应急装备“精准化”

针对高层建筑、地下空间等特殊场景，2024 年中央财政专项采购 100 台超高层消防机器人、50 套大深度潜水救援装备。

3．跨部门协同治理

建立“消防安全联席会议”制度，由政府分管领导牵头，住建、教育、市场监管等部门参与，每季度研判风险（如开学季联合检查学校食堂燃气安全）。

推行“消防审验一体化”改革，将建设工程消防设计审查、施工监管、竣工验收纳入工程建设项目审批管理系统，审批时间压缩 40%（如上海市试点项目从 45 d 缩短至 25 d）。

（二）消防管理的社会协同作用：多元主体责任落实

1．社会单位主体的消防管理责任

推行“消防安全标准化管理”，企业需建立“一企一码”档案，实时上传消防设施状态、培训记录等数据。

创新“责任保险+隐患排查”模式，保险公司委托第三方机构对投保单位进行年度防火检查，发现隐患未整改则次年保费上浮 20%（如 2023 年某商场因未整改消防通道堵塞问题，保费从 50 万元增至 60 万元）。

2．社区自治机制

（1）网格化管理“精准到户”

将社区划分为若干网格（每个网格约 500 户），网格长兼任“消防协管员”，每周巡查居民楼电动车充电点、电气线路等隐患高发区，2024 年全国社区网格消防巡查覆盖率达 95%。

（2）物业企业“消防管家”制度

明确物业在服务合同中的消防管理职责（如每日防火巡查、消防设施月检），对履职不到位的物业企业，纳入信用黑名单并限制承接新项目（如北京市 2023 年公示 120 家消防失信物业）。

3．社会组织专业支撑

培育消防技术服务“龙头企业”，支持企业开展火灾风险评估、消防设施维护等全链条服务，2024 年全国规模以上机构超 5 000 家，服务覆盖 80%的重点单位。

行业协会发挥自律作用，如中国消防协会制定《消防技术服务机构服务质量评价标准》，建立“星级评定”制度，引导市场良性竞争。

（三）消防管理强调公众参与：安全文化与能力建设

1．消防宣传教育体系

线上利用抖音、微信公众号发布“1 分钟消防课堂”（年均播放量超 10 亿次），开发“火灾逃生 VR”小程序（用户可模拟家庭、商场等场景逃生）；线下建设消防科普教育基地（全国超 1.2 万个），开展“消防体验日”活动（2023 年参与人数达 8 000 万人次），将消防知识纳入中小学《道德与法治》课程（每学期≥4 课时）。

2．提高公众应急能力

推广“全民消防培训计划”，要求高危行业从业人员（如电工、焊工）每年接受 40 学时消防培训，普通公众每 5 年参加 1 次实操演练（如灭火器使用、结绳逃生）。

建立“家庭消防安全自查清单”，包含电气线路、燃气管道、逃生通道等 10 项检查内容，社区居委会每季度上门指导（如上海市通过“社区通”App 推送自查提醒，家庭隐患自查率从 30%提升至 70%）。

3．社会监督与激励机制

完善“96119”举报奖励制度，对查实的火灾隐患举报人给予 500~1 000 元奖励（2023 年全国兑现奖金超 5 000 万元）。

开展“消防安全示范社区”评选，对达标社区给予政策倾斜（如老旧小区消防改造优先立项），营造“比学赶超”氛围（如杭州市 2024 年命名 100 个示范社区，带动周边社区整改隐患 2 万余处）。

三、技术应用与场景实践

（一）智慧消防技术体系架构

构建“感知层—传输层—平台层—应用层”四层架构，实现消防管理数字化转型：

1．感知层：部署智能终端，实现全域数据采集

（1）建筑消防

智能烟感（带温度监测，误报率＜0.1%）、水压传感器（精度±1%FS）、电气火灾监控模块（实时监测剩余电流＞300 mA 报警）采集建筑内部相关消防数据。

（2）城市消防

无人机搭载红外摄像头（分辨率≥640×512）、窨井水位传感器（监测地下空间积水＞50 cm 预警）、气象站（实时采集风速、湿度、温度）采集城市消防相关数据。

2．传输层：采用“有线+无线”混合组网，实现多网融合通信

有线网主要指光纤专网（适用于高层建筑、化工园区），确保数据稳定传输；无线网包括 NB-IoT（低功耗，覆盖广，适用于独立式烟感）、5G（高带宽，支持视频回传，用于消防现场指挥）、Mesh 自组网（无盲区，用于地下空间救援通信）。

3．平台层：大数据智能分析

（1）数据中台

整合消防设施、地理信息、人口分布等 20 余类数据，形成消防数据仓库（数据总量超 100 PB）。

（2）算法模型

运用随机森林算法识别高风险场所（准确率达 88%），通过数字孪生技术模拟火灾蔓延路径（如某商业综合体数字孪生模型可精确到每个商铺的烟气流动）。

4．应用层：场景化智能应用

（1）风险防控

自动生成“企业消防安全体检报告”，标注隐患等级并提供整改建议（如某物流仓库因堆垛超高，系统自动提示“需降低堆高至 4 m 以下”）。

（2）应急指挥

智能调度系统根据实时路况、装备状态，自动推荐最优救援路线（如避开拥堵路段，平均可缩短到达时间 3 min），并联动周边社会力量（如通知附近微型消防站先行处置）。

（二）消防管理前沿技术应用场景

1．数字孪生驱动的预案优化

构建超高层建筑（如上海中心大厦）1∶1 数字孪生模型，模拟不同楼层起火时的烟气扩散、人员疏散、消防设施联动效果，优化避难层位置、疏散指示逻辑，将理论疏散时间从 8 min 缩短至 5 min；化工园区通过数字孪生模拟储罐火灾沸溢过程，提前制定冷却水喷淋方案（如确定最佳喷水强度 25 L/min•m^2），提升处置安全性。

2．AI 视觉识别的隐患排查

视频监控系统搭载烟火识别算法（准确率≥95%），实时检测厂区动火作业违规行为（如未设置防护栏、未清理易燃物），2024 年某石化企业通过该技术发现并制止违规动火 32 起。

无人机自动巡检森林火险区，AI 识别枯叶堆积区（面积＞50 m^2 标记为高风险点），结合气象数据预测起火概率（如高温干燥天气下概率提升至 70%）。

3．区块链技术的责任追溯

建立“消防设施维护区块链账本”，每次维护记录（时间、人员、内容）上链存证，不可篡改，解决“维护造假”问题（如某医院因消防设施维护记录造假，在火灾事故中被追溯追责）。

火灾事故调查中，通过区块链存证的视频、传感器数据，快速还原事故链（如 2023 年某商场火灾中，2 h 内确定起火点为电气线路短路，较传统调查缩短 48 h）。

（三）不同场景下的消防管理

1．城市高层建筑群消防管理

（1）风险特征

垂直蔓延快（烟囱效应导致烟气上升速度 10 m/s）、人员疏散难（超 300 m 建筑疏散时间需 30 min 以上）、设施依赖性强（全靠自动喷水系统、机械防排烟）。

（2）模型应用策略

主体协同：建立“开发商+物业+业主委员会”三方联动机制，开发商确保消防设施按标准配置，物业负责日常维护，业委会监督资金使用（如深圳某小区设立消防专项维修基金，年投入 200 万元）。

技术防控：安装“智慧消防物联网系统”，实时监测消防水箱水位（低于设计值 10%自动报警）电梯前室压力（低于 25 Pa 联动加压风机），2024 年该类建筑火灾报警时间从平均 5 min 缩短至 30 s。

应急演练：每季度开展“分层分级演练”，1~10 层模拟低层火灾，10~20 层模拟中层蔓延，20 层以上模拟超高层救援，提升各楼层人员逃生能力与物业应急响应速度。

2．化工园区消防安全管理

（1）风险特征

易燃易爆物质集中（甲类危化品储量超 10 万吨）、工艺风险高（反应釜超温超压概率 0.5 次/年）、事故后果严重（可能引发多米诺骨牌效应）。

（2）模型应用策略

风险研判：引入 HAZOP（危险与可操作性分析）、SIL（安全完整性等级）评估，确定关键风险点（如管道法兰泄漏、安全阀失效），制定针对性控制措施（如设置双重切断阀、安装泄漏监测传感器）。

协同联动：建立“园区管委会+企业+消防特勤站”三方应急平台，企业实时上传危化品存量、工艺参数等数据，园区管委会统一调度消防泡沫储量（如某园区储备 1 000 吨 AFFF 水成膜泡沫，满足 5 万吨汽油火灾扑救需求）。

本质安全：推广“自动化减人”技术，危险工序采用机器人操作（如焊接机器人替代人工动火），2023 年某化工企业通过“机器换人”，动火作业事故率下降 90%。

3．社区消防安全综合管理

（1）风险特征

老旧建筑多（耐火等级不足的建筑占比 30%）、弱势群体集中（60 岁以上老人占比 25%）、消防基础薄弱（电动自行车“飞线充电”现象普遍）。

（2）模型应用策略

基层自治：推行“消防楼长+网格巡查”模式，每栋楼设 1 名楼长（由居民代表担任），每周巡查楼梯间堆物、电缆井封堵等隐患，2024 年北京市社区楼长发现并整改隐患 18 万处。

技术赋能：在老旧小区加装独立式烟感器（联网型，报警信息同步至社区值班室）、电动自行车智能充电柜（具备过载保护、充满自停功能），2023 年相关火灾同比下降 65%。

文化培育：开展“消防安全家庭日”活动，组织居民参与逃生演练、灭火器实操，2024年全国社区家庭消防知识知晓率从60%提升至85%。

四、挑战与发展趋势

（一）消防管理面临的核心挑战

1．风险复杂化带来的防控压力

（1）新能源领域

锂电池储能电站热失控概率0.1次/ GWh，传统消防设施难以有效应对（如某储能电站火灾中，气体灭火系统仅控制初期火势，后期仍需持续喷水48 h）。

（2）城市更新

历史文化街区木结构建筑耐火极限＜0.5 h，消防车道宽度不足4 m的占比达40%，改造难度大。

2．多元主体协同的机制障碍

（1）责任边界模糊

多产权建筑（如商住综合体）存在“多头管理、无人负责”现象，2023年全国此类场所火灾隐患整改率仅70%。

（2）社会力量参与不足

消防技术服务机构良莠不齐，部分机构存在“检测报告造假”问题（2024年某省抽查发现15%机构存在数据虚标）。

3．技术应用的“最后一公里”瓶颈

（1）数据孤岛问题

不同品牌消防系统协议不兼容（如海湾、利达系统数据无法互通），全国智慧消防平台整合率仅60%。

（2）基层数字化能力欠缺

部分社区网格员缺乏智能终端操作培训，导致数据录入错误率达20%。

（二）消防管理的未来发展趋势

1．火灾风险治理的“精准化”升级

开发“火灾风险动态评估模型”，实时融合气象、人流、物流动态数据，实现“小时级”风险预测（如预测某商圈周末下午2点因人员密集、用电负荷高，火灾风险等级提升至橙色）。

推广“个性化防控方案”，针对养老院、幼儿园等特殊场所，制定“一院一策”（如养老院设置床头报警按钮、配备轮椅疏散坡道）。

2．消防管理模式的“韧性化”转型

构建“平灾结合”消防设施体系，将地下车库、广场等公共空间设计为临时避难场所（配备应急照明、消防水箱），提升城市抗灾韧性。

建立“跨区域风险共担”机制，如长三角地区共享消防装备资源（某类特种消防车不足时，2 h 内可调集周边 3 市资源）。

3．消防技术赋能的“生态化”发展

推动消防技术“产学研用”一体化，建立国家级消防科技创新中心（如北京城市安全与应急技术创新中心），加速成果转化（目标成果转化率从 30%提升至 60%）。

培育“消防大数据服务平台”，整合风险评估、隐患治理、应急指挥等功能，为政府、企业、公众提供一站式服务（如某省平台已接入 50 万社会单位，日均处理数据 100 万条）。

公共安全视角下的消防管理模型，本质是将消防工作纳入社会治理大系统，通过多元主体协同、全链条流程管控、新技术深度赋能，实现从单一灾种防控到系统性安全治理的跃升。在“大安全、大应急”时代背景下，需以“人民至上、生命至上”为价值引领，持续优化模型架构，破解“传统风险防控不足、新型风险应对乏力”的双重挑战，最终构建“政府统筹有力、社会协同有序、公众参与积极、技术支撑强劲”的现代化消防管理体系，为城市安全发展和人民幸福生活筑牢“防火墙”。

第三节　应急管理理论与消防响应机制

应急管理理论与消防响应机制的结合，旨在通过科学化的流程设计、资源调配与协同联动，实现火灾风险从预警到灾后恢复的全周期高效应对。

一、理论基础与体系定位

（一）应急管理理论的核心框架

1．应急管理的定义与内涵

应急管理是针对突发事件（如火灾、地震、化工泄漏）的全过程管理，通过预防、准备、响应、恢复等环节，最大限度减少损失，保障公众安全与社会稳定。其本质是运用系统论、控制论、风险管理理论，构建“全灾种、全链条、全主体”的动态防控体系。

2．应急管理的发展阶段

（1）单一灾种应对阶段（20 世纪初~2000 年）

以火灾、地震等单一灾害为对象，建立专项应急预案（如《国家火灾事故应急预案》），侧重事后处置。

（2）综合应急管理阶段（2001 年~2018 年）

“9・11”事件后，美国提出“全风险”管理理念，中国 2007 年《中华人民共和国突发事件应对法》确立“一案三制”（预案、体制、机制、法制），推动多灾种协同应对。

（3）现代化应急体系阶段（2018 年至今）

应急管理部成立后，整合消防、安监、减灾等职能，构建“统一指挥、专常兼备、反应灵敏、上下联动”的中国特色应急管理体系。

3．核心理论支撑

（1）风险社会理论

现代社会风险具有“不确定性、扩散性、人为性”，火灾风险因城市化、技术革新（如锂电池、高层建筑）呈现复杂化特征，需建立“预防—缓释—应急”的全周期管理。

（2）韧性理论

强调系统在灾害中“吸收冲击、快速恢复、适应变化”的能力，如消防响应机制须具备冗余设计（双电源、双水源）灵活调度（跨区域资源调配）。

（3）生命周期理论

将突发事件划分为“孕育期—爆发期—持续期—恢复期”，对应消防管理的“风险评估—应急准备—处置救援—灾后重建”四大阶段。

（二）消防响应在应急管理中的地位

1．核心灾种应对的主力军

火灾是最频发的突发事件（占事故灾难的 60%），消防救援队伍承担 70%以上的应急处置任务（应急管理部 2023 年数据）。

（1）灾害类型

建筑火灾（占比 75%）、工业火灾（12%）、森林火灾（8%）、交通工具火灾（5%）

（2）处置范围

从单一火灾扑救拓展至“全灾种”救援（如地震废墟搜救、危化品泄漏处置、水域救援），2021 年郑州“7・20”暴雨灾害中，消防队伍完成 8.9 万次抢险救援，营救群众 5.1 万人。

2．应急体系的关键枢纽

（1）信息中枢

消防指挥中心作为城市应急联动的核心节点，接入 119、110、120 等多渠道报警数据，2024 年全国接警调度系统实现“一键直呼、智能派单”，平均响应时间＜60 s。

（2）资源枢纽

统筹消防车辆（全国超 25 万辆）、特种装备（如 101 米登高平台车、涡喷消防车）、专业队伍（3 000 余个消防救援站、20 万指战员），承担“最先响应、持续处置”职责。

3．社会协同的核心载体

消防响应需联动公安、卫健、环保、气象等部门，以及社会力量（民间救援队、志愿者），形成“政府主导、社会协同、公众参与”的应急网络。例如：在化工火灾处置中，环保部门实时监测有毒气体扩散，交通部门管控周边道路，企业提供工艺参数；社区火灾中，物业启动消防设施，志愿者引导疏散，居民开展初期灭火（如使用灭火器扑灭初起火灾成功率达 60%）。

二、全流程响应机制

（一）预防与准备：应急响应前的体系制度基础

1.应急预案体系建设

（1）分级分类预案

国家级：《国家火灾事故应急预案》明确特别重大火灾（死亡 30 人以上）的应急响应程序。

地方级：各省制定《高层建筑火灾应急预案》《地下空间火灾处置方案》等专项预案，如上海市针对超 200 m 建筑制定“分层救援”细则。

单位级：根据现行国际标准《社会单位灭火和应急疏散预案编制及实施导则》（GB/T 38315–2019），应至少每半年组织一次演练，火灾高危单位应至少每季度组织一次演练，其他单位应至少每年组织一次演练。

（2）预案动态优化

引入“情景构建技术”，模拟极端火灾场景（如超高层建筑全楼断电、地下商场烟气全覆盖），2023 年某省会城市通过预案演练，发现并修正 32 处程序漏洞。

2．应急资源储备与管理

（1）物资储备体系

中央级：设立 7 大区域应急物资储备库（如天津、武汉），储备灭火药剂（水成膜泡沫 10 万吨）生命探测仪（5 000 台）等战略物资。

地方级：按“1 小时响应圈”布局县级储备库，乡镇级配备“轻骑兵”机动队（携带背负式灭火装置、无人机）。

社会级：推行“企业储备+协议储备”，如石化企业与周边消防队签订泡沫药剂共享协议，确保 10 min 内供应 50 t 泡沫。

（2）装备现代化建设

特种车辆：大跨度举高消防车（举升高度 101 m）、无人消防船（适用于港口火灾）、消防直升机（如 AC313A 直升机可吊运 3 t 水罐）。

智能装备：部署消防机器人（耐高温 600 ℃，可进入废墟搜救）、单兵信息化装备（AR 头盔实时传输火场数据），2024 年全国消防机器人保有量超 5 000 台。

3．应急队伍能力建设

（1）专业队伍

国家综合性消防救援队伍实行“专业化分工”，组建高层建筑、化工火灾、水域救援等10类专业编队，开展“红蓝对抗”实战演练（每年每队演练超200次）。

（2）社会力量

培育民间救援队（如蓝天救援队、公羊救援队），全国注册社会救援队伍超过5 000支，队员80万人，纳入“统一调度、分级使用”体系。

（3）公众自救能力

推广“第一目击者”培训，教会普通民众使用灭火器、消火栓，掌握“1分钟报警、3分钟初期灭火、5分钟组织疏散”技能，2023年全国公众消防技能培训覆盖率达40%。

（二）监测与预警：应急响应的信息支撑

1．火灾监测技术体系

（1）传统监测

建筑消防设施：烟感/温感探测器（动作温度68 ℃）、手动报警按钮（安装间距≤30 m），2024年全国建筑消防设施联网率达70%。

户外监测：森林火险瞭望塔（每20 km^{2}设1座）化工园区可燃气体探测器（检测浓度达爆炸下限25%时报警）。

（2）智慧监测

物联网（IoT）：通过水压传感器、电气火灾监控模块实时采集数据，异常情况自动报警（如消防水箱水位低于设计值10%时触发警报）。

AI：视频监控搭载烟火识别算法（准确率≥95%），2023年某物流园区通过AI识别并处置初起火灾27起，均在3 min内扑灭。

卫星遥感：利用高分卫星监测森林热点（温度＞环境温度15 ℃即标记为疑似火点），2024年森林火灾早期发现率提升至90%。

2．预警分级与发布机制

（1）预警通常分为以下四种：

蓝色预警（Ⅳ级）：预警等级中相对较低的一级。表示可能发生一般程度的突发事件或危险情况，对企业或社会的影响范围较小、危害程度较轻。例如，在消防安全领域，可能是发现一些轻微的火灾隐患，如个别消防设施出现轻微故障、部分安全通道有少量杂物堆积等，但这些问题通过简单的措施就能及时解决，暂时不会对人员生命和财产安全构成严重威胁。

黄色预警（Ⅲ级）：预警等级有所提升。意味着可能发生较大程度的突发事件或危险情况，其影响范围和危害程度有所增加。以消防安全为例，可能是多个区域出现消防设施故障，或部分安全出口被部分堵塞，或者存在一些违规用火用电行为，如果不及时处理，可能会引发小型火灾事故，对一定范围内的人员和财产安全造成威胁。

橙色预警（II级）：属于较高等级的预警。表明可能发生重大的突发事件或危险情况，影响范围较大，危害程度较为严重。在消防安全方面，可能是发现重大火灾隐患，如消防系统整体瘫痪、大面积的违规搭建占用防火间距、大量易燃易爆物品存放不符合安全规定等，这些问题一旦引发火灾，将迅速蔓延，对企业的生产经营和人员生命安全造成严重危害，可能需要调动较多的资源进行应对和处置。

红色预警（I级）：这是最高等级的预警。表示即将发生特别重大的突发事件或危险情况，其影响范围广、危害程度极其严重，可能会造成极其严重的人员伤亡、财产损失和社会影响。在消防安全中，可能是已经出现火势较大且难以控制的火灾，或者多个重大火灾隐患同时存在且随时可能引发灾难性后果，如化工企业的关键生产装置发生火灾并伴有爆炸危险，可能会对周边社区、环境等造成毁灭性的破坏，需要立即启动全面的应急响应机制，调集大量的消防力量和资源进行抢险救援。

不同领域和行业的四级预警体系在具体的划分标准和适用情况上可能会有所差异，但总体上都是按照事件的严重程度、影响范围等因素进行分级，以便采取相应的应对措施。

（2）预警体系的发布机制

预警体系的发布机制通常包括以下几个关键环节：

①信息收集与监测

预警体系的基础是广泛收集相关信息，这些信息来源多样。例如，在消防安全领域，可能包括安装在企业各个区域的火灾探测器、烟雾报警器等设备实时反馈的数据，以及安全管理人员日常巡查中发现的隐患信息，还有员工报告的异常情况等。对这些信息持续监测，可及时发现潜在的危险迹象。

利用现代信息技术，如物联网、大数据分析等，对收集到的大量信息进行整合和分析，以便更准确地判断是否需要发布预警。例如，通过分析火灾探测器在一段时间内的报警频率和分布情况，结合环境数据等，判断是否存在发生火灾的可能性及火灾的发展趋势。

②风险评估与预警分级

一旦收集到相关信息，就需要进行风险评估。评估团队根据既定的标准和模型，综合考虑各种因素，即火灾隐患的严重程度、影响范围、发生火灾的可能性来确定风险的等级。

根据风险评估的结果，将预警分为不同等级，如前面提到的蓝色、黄色、橙色和红色四级预警。不同等级的预警对应不同程度的风险，以便采取相应的应对措施。例如，发现某个区域的消防设施存在较多故障，且该区域人员密集，经过评估将其定为黄色预警，提示需要尽快采取措施进行整改，以降低火灾发生的风险。

③预警发布决策

预警发布需要经过严格的决策流程。通常由专门的决策机构或团队来负责，成员包括相关领域的专家、企业管理人员等。他们根据风险评估的结果和实际情况进行综合判断，决定是否发布预警以及发布何种等级的预警。

在决策过程中，会考虑多方面的因素，如预警信息的准确性、可靠性，发布预警可能带来的影响（包括对企业生产经营、员工情绪等方面的影响）等。例如，如果只是个别消防设施出现故障，且有备用设施或能够迅速修复，可能优先考虑内部处理和监控；但如果故障涉及关键消防系统，且存在较大的火灾风险，决策团队就会果断决定发布相应等级的预警。

④预警信息发布

一旦做出发布预警的决策，就需要通过多种渠道将预警信息及时、准确地传达给相关人员和部门。常见的发布渠道包括企业内部的通信系统和广播系统。内部通信系统如短信平台、即时通信工具等，迅速将预警信息发送给每一位员工；广播系统能在企业园区或建筑物内进行广播通知，确保员工能够及时听到预警信息。

对于一些重要的合作伙伴、周边社区等，也会通过电话、邮件等方式进行通知，以便其做好相应的准备和防范措施。

同时，在企业内部的显著位置，如公告栏、电子显示屏等，展示预警信息，包括预警等级、可能存在的危险情况、应对措施等，让员工能够随时查看和了解最新的预警情况。

⑤预警信息更新与解除

预警发布后，并非一成不变，而是要根据实际情况的发展和变化及时进行更新。如在处理火灾隐患的过程中，情况有所好转，风险程度降低，就会相应地降低预警等级；反之，如果情况恶化，可能会提高预警等级。例如，在对某个区域的火灾隐患进行整改时，发现故障消防设施的修复时间比预计时间更长，且周边又出现了新的易燃物堆积，那么就可能会将黄色预警提升为橙色预警。

当潜在的危险情况得到有效控制或消除后，经过评估确认安全，就会解除预警。解除预警的信息会通过相同的发布渠道进行传达，员工和相关人员知道危险已经解除，恢复正常的工作和生活秩序。例如，当消防设施故障全部修复，易燃物堆积问题得到解决，且经过一段时间的观察确认没有火灾风险后，就会发布解除预警的通知，告知员工企业已恢复到安全状态。

预警体系的发布机制是一个严谨、动态的过程，通过科学的信息收集与分析、准确的风险评估、合理的决策以及及时的信息发布与更新，确保企业在面对潜在危险时，能够及时采取有效的应对措施，保障人员生命和财产安全。

（三）应急处置：消防响应的核心环节

1．指挥体系与决策机制

（1）三级指挥架构

现场指挥：消防救援站指挥员任现场总指挥，依托“动中通”指挥车建立前线指挥部，实时回传火场视频（4K 分辨率，延迟<2 s）。

属地指挥：市级应急指挥中心统筹调度全市资源，运用 GIS 地图动态显示消防车位置、水源分布（如距火场 500 m 内消火栓数量、压力）。

省级/国家级指挥：启动跨区域增援机制，如 2022 年某省重大化工火灾中，周边 3 省 12 支化工编队 6 h 内完成集结，携带专业装备 2 000 余件套赶赴现场。

（2）科学决策支持

数字孪生技术：对高层建筑构建三维模型，模拟烟气流动路径，推荐最佳排烟方案（如某酒店火灾中，通过数字孪生确定开启 30%外窗自然排烟，避免机械排烟系统故障导致烟气倒灌）。

专家智库：国家消防救援局设立“火灾处置专家库”，涵盖建筑防火、化工安全、应急管理等领域 200 余名专家，通过视频会议实时指导复杂火灾扑救。

2．协同联动机制

跨部门联动：旨在整合企业各部门资源应对消防安全问题，其目标是形成合力，降低火灾风险、减少损失，打破部门壁垒发挥专业优势。参与部门涵盖安全管理、生产、设备管理、行政和人力资源等，其中安全管理部门负责制定相关制度与外部协调，生产部门落实生产环节消防措施，设备管理部门保障消防设施运行，行政部门提供物资资金与宣传支持，人力资源部门将消防纳入培训考核体系。

工作流程与机制方面，通过建立信息共享平台、定期召开会议和设立联络员实现信息互通；开展联合检查与隐患排查，由安全部门牵头多部门参与，跟踪整改情况；制定应急预案并定期演练，明确各部门应急职责，火灾发生时迅速启动响应；协同制定培训演练计划，各部门相互配合提升员工消防能力。

信息共享：应急管理、气象、公安、卫健等部门接入“城市安全大脑”，实时共享风速、人口密度、医院床位等数据，2024 年某城市火灾处置中，因提前获取周边医院床位信息，伤员转运效率提升 50%。

行动协同：建立“119 主调、多部门响应”机制，如建筑倒塌事故中，消防负责搜救，住建部门评估建筑稳定性，电力部门切断电源，2023 年某商场坍塌事故中，各部门协同将救援时间缩短了 40%。

军地协同：建立“军地应急联动协议”，战时或重大灾害时调用军队资源（如直升机吊运灭火剂、工程部队开辟救援通道），如在 2022 年重庆森林大火中，通过军地协同，迅速调集军队直升机进行空中灭火，有效控制了火势蔓延，同时工程部队迅速开辟救援通道，为地面消防力量提供了有力支援，大大提升了救援效率。

3．战术策略与技术应用

（1）典型场景处置原则

高层建筑火灾：遵循“内攻救人优先、外控防蔓延”原则，利用消防电梯运送攻坚组至着火层下 2 层，同时启动外墙消防水炮压制外部火焰（如上海中心大厦火灾处置方案）。

化工火灾：采用“冷却抑爆、分区隔离”战术，对储罐实施高强度水冷却（喷水强度≥20 L/min・m^2），利用泡沫枪扑救流淌火，2019 年江苏响水事故中，消防队伍连续冷却罐体 48 h，避免发生连环爆炸。

森林火灾：运用“空中侦察+地面合围”策略，无人机定位火头位置，直升机洒水压制，地面队伍开设隔离带（宽度≥50 m），2023 年云南森林火灾中，空地协同将扑灭时间缩短至 12 h。

（2）新技术应用

无人机集群：执行火场侦察（续航时间≥2 h，拍摄范围 5 km^2）、物资投送（单次投放 50 kg 灭火弹）、照明保障（搭载 1 000 W 探照灯），2024 年某山区火灾中，无人机集群发现 3 处隐蔽火点，避免火势扩大。

灭火机器人：进入高危区域（如高温、有毒环境）执行灭火任务，某锂电池仓库火灾中，防爆机器人持续喷水 12 h，防止复燃，保护消防员安全。

（四）恢复与重建：应急响应的闭环管理

1．灾后损失评估与隐患排查

（1）三维建模评估

通过无人机倾斜摄影建立灾后三维模型，精准计算过火面积、建筑损毁程度，2023 年某工业园区火灾后，3 h 内完成损失评估（传统方法需 24 h）。

（2）隐患溯源排查

运用事故树分析（FTA）确定起火原因，如某商业综合体火灾经排查，根本原因是“消防电源设计缺陷+维护不到位”，推动同类场所开展专项整改（全国范围内整改同类隐患 1.2 万处）。

2．社会秩序恢复与心理干预

（1）临时安置与生活保障

设置临时避难场所（如体育馆、学校），配备应急照明、医疗站、心理咨询室，2021 年郑州暴雨期间，消防队伍协助搭建临时安置点 200 余个，保障 10 万名群众基本生活。

（2）心理危机干预

组建“消防心理服务队”，对受灾群众、参战消防员开展创伤后应激障碍（PTSD）干预，2023 年某重大火灾后，累计开展心理疏导 3 000 余人次，干预有效率达 85%。

3．经验总结与能力提升

（1）案例库建设

国家消防救援局建立“典型火灾事故案例库”，收录 1949 年以来重大火灾案例 2 000 余例，按“起火原因、处置难点、经验教训”分类，作为指战员培训教材。

（2）机制迭代优化

每起较大及以上级别的火灾发生后，组织“复盘听证会”，邀请行业专家、一线指战员、社会单位代表参与，2024 年某高层建筑火灾后，推动修订《超高层建筑消防应急救援规程》，新增“避难层临时指挥点设置”等 12 项条款。

三、比较研究与创新发展

（一）国际典型应急响应模式

1．美国 FEMA 模式：全风险整合型

联邦应急管理署（FEMA）统筹全国应急事务，建立“国家应急框架（NRF）”，消防响应纳入“应急支持功能（ESF–4）”。

分级响应：按火灾规模启动 1~5 级响应，5 级为最高级（调动联邦资源）。

社区应急：推行“社区应急响应团队（CERT）”，培训居民开展初期灭火、伤员转运，全国 CERT 团队超 2.5 万个。

2．日本消防厅模式：灾种专业化型

消防厅隶属内阁府，地方设 47 个消防本部，实行“救急消防同体制”。

快速响应：全国部署 1.2 万个消防署，保证“接警后 3 min 内到达市区、5 min 内到达郊区”。

技术领先：配备世界最高水平的消防机器人（如能爬楼梯的 HRP–2 型）直升机紧急医疗救援体系（全国 40 个直升机基地）。

3．欧盟民防机制：区域协同型

建立“欧盟民事保护机制（UCPM）”，成员国共享应急资源。

跨国调度：启动“欧洲应急响应能力池”，如 2022 年土耳其地震中，欧盟成员国向土耳其派遣 50 支消防救援队、200 台特种装备。

风险预警：通过“欧洲森林火灾信息系统（EFFIS）”实时监测火险，提前 72 h 发布预警。

（二）中国消防响应机制的特色与优势

1．制度优势

（1）集中统一指挥

应急管理部垂直领导消防救援队伍，避免多头指挥。

（2）快速动员能力

依托“全国应急资源管理平台”，30 min 内可调度周边 300 km 内的所有消防装备，2023 年某省化工火灾中，泡沫药剂在 2 h 内从周边 3 个储备库集结到位。

2．技术创新

（1）智慧消防领先

建成全球最大的物联网消防监测网络，接入 500 万栋建筑、2 亿个消防设施，2024 年智慧消防预警火灾成功率达 92%。

（2）特种装备国产化

自主研发 101 m 登高平台消防车、大深度潜水救援装备，打破国外垄断，成本降低 40%。

3．社会协同深化

（1）网格化管理

将 430 万个社区网格纳入应急体系，网格员兼任“消防信息员”，2023 年通过网格上报火灾隐患 180 万条，整改率 95%。

（2）志愿力量壮大

全国消防志愿者超 1 200 万人，年均开展宣传活动 50 万次，成为基层应急的“毛细血管”。

（三）当前消防响应机制面临的核心挑战

1．新型灾害应对能力不足

（1）新能源火灾

锂电池热失控、储能电站链式反应等新型火灾处置经验不足，2023 年某储能电站火灾复燃 12 次，暴露传统灭火药剂（水、泡沫）的局限性。

（2）城市立体火灾

超高层建筑（＞200 m）和地下空间（深度＞50 m）火灾中，现有装备（如最高 101 m 登高车）难以覆盖，人员疏散时间长达 30 min 以上。

2．协同效率待提升

（1）信息共享壁垒

不同部门（应急、气象、交通）的数据接口不统一，2024 年全国数据互通率仅 65%，影响指挥决策效率。

（2）社会力量管理

民间救援队存在“散、小、弱”问题，专业培训覆盖率不足 30%，部分队伍在复杂火灾中出现“帮倒忙”现象。

3．人员安全保障短板

（1）极端场景防护

消防员在高温（＞600 ℃）有毒（如 HCN 浓度＞50 ppm）环境中的防护装备续航时间仅 30 min，2023 年某化工火灾中，3 名消防员因防护不足受伤。

（2）心理干预滞后

对参战消防员的心理评估、创伤干预未形成制度化安排，部分指战员出现PTSD症状（发生率约15%）。

（四）消防响应机制的未来发展趋势与对策

1．技术驱动的精准响应

（1）研发新型灭火剂

针对锂电池火灾，推广全氟己酮纳米水基灭火剂（灭火速度＜10 ms，冷却效率提升3倍）。

（2）构建“数字孪生应急系统”

对城市、园区、建筑建立动态模型，模拟火灾发展全过程，提前制定“场景化处置方案”，2025年前实现重点城市全覆盖。

2．体系重构的韧性建设

（1）完善“冗余设计”

重要消防设施配备双电源、双水源、双通信链路，如超高层建筑设置“主消防泵+备用柴油机泵+气压给水装置”三级供水系统。

（2）建立“平灾转换”机制

将地下车库、城市广场设计为“临时消防站”，平时停放消防车，灾时作为前线指挥部，2024年某试点城市已完成50处平灾转换场所建设。

3．协同共治的生态构建

（1）推动“应急管理共同体”

建立政府、企业、社会组织、公众的权责清单，如企业承诺“3 min内启动内部消防力量”，社区承诺“10 min内完成人员疏散组织”。

（2）强化国际合作

参与“一带一路”消防应急联盟，共享新能源火灾处置技术、跨境救援机制，提升全球应急响应能力。

应急管理理论为消防响应机制提供了科学的方法论，而消防响应的实践创新又不断丰富应急管理理论。从单一灾种应对到全灾种统筹，从经验指挥到数据驱动，中国消防响应机制正经历着从“被动处置”到“主动防控”的历史性跨越。未来，须以“全链条韧性、全要素智能、全主体协同”为目标，持续优化理论框架与实践路径，构建更加科学、高效、安全的现代消防应急体系，为保障人民生命财产安全和社会稳定筑牢最后一道防线。

第二章　建筑防火设计与技术规范

第一节　建筑防火分区与疏散设计原则

建筑防火分区与疏散设计是火灾防控体系的核心技术环节，通过空间阻隔与路径优化，最大限度减少人员伤亡与财产损失。其设计需遵循“空间分隔—时间争取—路径保障”的逻辑框架，结合建筑功能、人员密度及火灾动力学特性，形成科学化、人性化的安全体系。

一、防火分区设计原理

（一）防火分区的定义与本质目标

1．定义与规范依据

防火分区是指在建筑内部采用防火墙、楼板及其他防火分隔设施分隔而成，能在一定时间内防止火灾向同一建筑的其余部分蔓延的局部空间。其核心依据是国家标准《建筑设计防火规范》（GB 50016–2014），通过划分独立的防火单元，将火灾控制在初始区域，避免形成大面积燃烧。

2．核心功能定位

（1）阻止火灾蔓延

通过耐火分隔设施（如 3.0 h 耐火极限的防火墙）延缓烟气和火焰扩散，为人员疏散和消防救援争取时间。

（2）控制火灾荷载

限制单个分区内可燃物总量（如高层住宅分区火灾荷载≤100 kg/m^2），降低火灾规模。

（3）保障消防设施效能

确保自动喷水系统、防排烟系统在独立分区内有效运作，避免跨区联动失效。

（二）防火分区的核心设计要素

1．划分依据与影响参数

（1）建筑类型与使用功能

住宅建筑按单元划分，每个防火分区建筑面积≤3 000 m^2（一类高层）；公共建筑中，商业综合体按楼层功能划分，营业厅分区≤4 000 m^2（设自动喷水系统）；工业建筑中甲类厂房分区≤300 m^2（单层），丙类仓库分区≤6 000 m^2（高层设自动灭火系统）。

（2）耐火等级

一级耐火建筑（如钢筋混凝土结构）分区面积可放宽 50%，三级耐火建筑（如砖木结构）分区面积需缩减 30%，如某二级耐火等级多层商场，未设自动喷水系统时分区≤2 500 m^2，设置该系统后可增至 5 000 m^2。

（3）火灾荷载与危险等级

图书馆、档案馆等火灾荷载高的场所，分区面积较普通办公室缩减 20%。

锂电池储存仓库按“严重危险级”划分，分区面积≤1 000 m^2 并设置独立气体灭火系统。

2．分隔设施的技术要求

（1）防火墙

耐火极限：甲、乙类厂房防火墙≥4.0 h，其他建筑≥3.0 h。

构造要求：防火墙应直接设置在基础或框架结构上，禁止开设门窗洞口，确需开设时须采用甲级防火门（耐火完整性≥1.5 h）。

（2）防火卷帘

分类：钢制防火卷帘（耐火极限≥3.0 h）、特级防火卷帘（无隔热层，需配合水幕保护）。

控制要求：火灾时应自动下降，中位停留（首层除外）便于人员疏散，降至地面时间≤90 s。

（3）防火门

等级划分：甲级（1.5 h）用于机房、配电室，乙级（1.0 h）用于疏散楼梯间，丙级（0.5 h）用于管道井。

开启方向：必须向疏散方向开启，且在关闭后能从两侧手动开启。

（4）楼板与中庭分隔

楼板耐火极限：一级建筑≥1.5 h，二级建筑≥1.0 h。

中庭分隔：四周设置耐火极限≥1.0 h 的防火玻璃墙，或采用防火卷帘（宽度≤1/3 中庭周长，且≤20 m）。

（三）防火分区的通用设计原则

1．“功能优先、分区适配”原则

避免因分区划分破坏建筑使用功能，如商业综合体大空间展厅可通过“防火隔离带+自动喷水系统”实现分区，允许面积扩大至 8 000 m^2。

工业建筑按生产流程划分，如汽车生产线分区需兼顾工艺连续性与火灾危险性（焊接区与涂装区需设防火墙分隔）。

2．“耐火分隔、柔性联动”原则

优先采用固定分隔（防火墙），其次为可联动分隔（防火卷帘+烟感联动）。

超高层建筑避难层需设置“防火墙+甲级防火门+独立防排烟系统”，确保火灾时与其他分区完全隔离。

3．“动态评估、弹性调整”原则

人员密集场所（如体育馆）在大型活动时，通过临时防火隔离设施（可拆卸防火板）调整分区。

设备更新后，数据中心需重新调整火灾荷载和评估分区合理性（如新增锂电池储能区需独立划分防火单元）。

（四）特殊场景防火分区设计要点

1．高层建筑防火分区

（1）垂直分区强化

每 15 层设置“设备层防火分区”，设备层与相邻楼层间采用≥2.0 h 耐火楼板分隔。

电缆井、管道井每 2~3 层设防火封堵（阻火包+防火泥），开口处设丙级防火门。

（2）水平分区优化

一类高层住宅分区≤1 500 m^2，设自动喷水系统后可增至 3 000 m^2。

办公楼标准层按“核心筒（楼梯、电梯）+周边办公区”划分，每个分区≤2 000 m^2，核心筒外围设乙级防火门。

2．地下空间防火分区

（1）密闭环境特殊要求

地下商场分区≤1 000 m^2（设自动喷水系统），且相邻分区通过下沉式广场、防火隔间连接；地铁车站站台层与站厅层间设防火墙分隔，开口处设特级防火卷帘（宽度≤9 m）。

（2）防排烟联动设计

每个分区设独立机械排烟系统，排烟量≥60 m^3/h，且与火灾报警系统联动，火灾时自动启动。

3．大空间建筑（如体育馆、航站楼）

（1）性能化设计应用

通过火灾模拟（如 FDS 软件）论证分区合理性，允许分区面积突破规范限制（如某体育馆分区达 12 000 m^2，因其设置早期抑制喷头+大空间智能灭火装置）。

（2）防火隔离带设置

在可燃物集中区域（如舞台、商业零售区）设置宽度≥6 m 的防火隔离带，采用不燃材料装修并设置自动喷水系统。

二、疏散系统优化策略

（一）疏散设计的核心目标与基本参数

1．目标与规范依据

疏散设计旨在确保火灾时人员能在“可用疏散时间（ASET）”内到达安全区域，核心依据《建筑设计防火规范》（GB 50016–2014）。

（1）疏散时间

ASET＞必需安全疏散时间（RSET），其中 RSET=火灾探测时间+响应时间+疏散行动时间。

（2）安全出口

每个防火分区≥2 个，且分散布置，间距≥5 m（防止烟气同时封堵）。

2．关键设计参数

（1）疏散通道宽度

计算公式：

$$W = N \times b/100$$

其中，N 为疏散人数，b 为百人宽度指标（cm/百人），如多层公共建筑首层疏散外门 b=0.65 cm/百人。

最小宽度：住宅疏散楼梯≥1.1 m，商业建筑疏散通道≥1.4 m，人员密集场所≥1.8 m。

（2）疏散距离

袋形走道（只有一个方向疏散）：住宅≤20 m（设喷淋可增至 25 m），医院病房区≤12 m。

双向疏散走道：普通办公室≤40 m（设喷淋增至 50 m），KTV 等娱乐场所≤25 m。

（3）疏散楼梯间形式

防烟楼梯间：用于一类高层、超高层建筑，前室面积≥6 m^2，并设机械加压送风系统。

封闭楼梯间：用于多层公共建筑，门需乙级防火门，且能自动关闭。

（二）疏散设计的核心原则

1．“最短路径、单向流导向”原则

避免疏散路线交叉，如商场扶梯周围设环形走道，确保人流单向流动。住宅户门至最近安全出口距离≤10 m（高层），且禁止通过厨房、卫生间等危险区域疏散。

2．“冗余设计、安全裕度”原则

安全出口数量≥2 个（特殊情况可设 1 个，如单层建筑面积≤150 m^2 且人数≤10 人的丁类厂房）。超高层建筑避难层间距≤50 m，且避难面积≥0.2 m^2/人，确保容纳所有疏散人员。

3．“特殊群体、针对性保护”原则

养老院、幼儿园设置“避难间”，面积≥12 m^2，配备独立供氧装置和应急呼叫系统。地下空间疏散通道设盲道、触觉指示标志，方便视障人员撤离。

（三）分区边界与疏散路线的耦合设计

1．防火分区出口设置

每个分区安全出口至少 2 个，且分设在不同方位，如商场分区出口分别通向中庭和室外步行街；防火门设置在疏散路线关键节点，如楼梯间入口、管道井出口，且开启方向与疏散方向一致。

2．跨分区疏散的安全保障

通过“防火隔间”连接相邻分区，隔间面积≥6 m^2，门为甲级防火门，且两门间距≥4 m。

下沉式广场作为地下商场跨区疏散通道，净面积≥169 m^2，设置 1 部宽度≥1.4 m 的疏散楼梯。

（四）消防设施联动对分区疏散的强化作用

1．防排烟系统与分区协同

火灾时自动启动本分区及相邻分区排烟风机，排烟量按分区面积计算（如 1 000 m^2 分区排烟量≥60 000 m^3/h）；防烟楼梯间保持 50 Pa 正压，前室 25 Pa，防止烟气侵入疏散通道。

2．智能疏散指示系统

（1）动态调整指示方向

根据火灾位置，通过中央控制系统将疏散标志切换为远离火源方向（如某酒店火灾中，系统自动引导 5—10 层人员从东侧楼梯撤离）。

（2）语音广播联动

同步播放“本层 XX 区域起火，请从就近安全出口撤离”，指导人员选择正确路线。

3．不同场所的消防数据参考

（1）住宅建筑的消防数据如表 2-1 所示[1]。

表 2-1　住宅建筑的消防数据

设计要素	多层住宅（≤27 m）	高层住宅（>27 m）
防火分区面积	≤2 500 m^2（设喷淋≤5 000 m^2）	≤1 500 m^2（设喷淋≤3 000 m^2）
疏散楼梯形式	封闭楼梯间	防烟楼梯间
户门至出口距离	袋形走道≤22 m（设喷淋≤27.5 m）	袋形走道≤20 m（设喷淋≤25 m）
安全出口数量	每层≥1 个（≤6 层且面积≤650 m^2）	每层≥2 个

[1]《建筑设计防火规范》（GB 50016—2014）

（2）公共建筑（以商场为例）的消防数据如表 2–2 所示。

表 2–2　公共建筑的消防数据

设计要素	多层商场（≤24 m）	高层商场（>24 m）
防火分区面积	≤5 000 m^2（设喷淋）	≤4 000 m^2（设喷淋）
疏散宽度指标	首层外门 0.65 cm/百人	首层外门 1.00 cm/百人 cm/百人
疏散距离	双向走道≤40 m（设喷淋≤50 m）	双向走道≤30 m（设喷淋≤37.5 m）
中庭分隔	防火玻璃墙（1.0 h）	防火卷帘（3.0 h）

（3）工业建筑（以丙类厂房为例）的消防数据如表 2–3 所示。

表 2–3　公共建筑的消防数据

设计要素	单层厂房（二级耐火）	多层厂房（一级耐火）
防火分区面积	≤8 000 m^2（设喷淋）	≤6 000 m^2（设喷淋）
疏散楼梯形式	敞开楼梯间	封闭楼梯间
安全出口数量	每层≥1 个≤20 人	每层≥2 个
内部装修材料	墙面 B1 级，地面 B1 级	墙面 A 级，地面 B1 级

三、实践维护与效能提升

（一）常见消防设计误区与改进措施

1．防火分区划分不合理

（1）错误案例

某商业综合体将厨房与营业厅合并分区，未设防火墙，导致火灾快速蔓延。

（2）改进措施

厨房单独划分分区，设乙级防火门+自动喷水系统，且与营业厅之间的隔墙耐火极限≥2.0 h。

2．疏散通道被占用

（1）错误案例

住宅楼梯间堆放杂物，宽度从 1.2 m 缩减至 0.8 m，违反最小宽度要求。

（2）改进措施

设置“防占用监测系统”，通过红外传感器检测通道堵塞，自动报警并联动物业清理。

3．安全出口数量不足

（1）错误案例

单层建筑面积 300 m^2 的网吧仅设 1 个出口，不符合“人员密集场所≥2 个出口”要求。

（2）改进措施

增设侧门或利用相邻防火分区出口（需设置防火隔间过渡）。

（二）消防设计技术进展与创新应用

1．性能化设计方法

通过火灾动力学，模拟（如 FDS 软件）计算 RSET 与 ASET，允许在满足安全裕度前提下调整分区面积。例如，某博物馆大空间展厅通过模拟，将分区面积从 2 000 m^2 扩大至 3 500 m^2，同时增设早期抑制喷头和智能排烟系统。

2．新型防火分隔材料

防火玻璃：采用纳米复合防火玻璃（耐火极限≥1.5 h，透光率≥85%），替代传统防火墙，提升建筑通透性。

气凝胶防火板：厚度仅 10 mm，耐火极限达 1.0 h，适用于管道井、电缆沟分隔，减少空间占用。

3．智能疏散技术

AR 疏散导航：在手机 App 显示实时火场烟气分布，动态规划最短无烟路径，某机场航站楼应用后疏散时间缩短 30%。

机器人引导疏散：配备语音播报和灯光指引的消防机器人，在地下空间等复杂环境中带领人员撤离，2023 年某地铁火灾中成功引导 200 人安全疏散。

（三）防火分区日常维护

1．分隔设施检查

每月检查防火门闭门器、顺序器是否完好，关闭是否严密（允许缝隙≤3 mm）。

每季度测试防火卷帘手动/自动起降功能，下降时间误差≤10%，且降落时无卡阻。

2．分区边界管理

禁止在防火分区边界 1.5 m 内堆放可燃物，如某仓库因在防火墙旁堆放纸箱，导致火灾穿透墙体；电缆井、管道井封堵处每半年检查，发现破损及时用防火泥+阻火包修复。

（四）疏散系统定期测试

1．疏散通道检查

每日巡查通道是否畅通，宽度是否符合设计要求，禁止设置卷帘门、铁门等影响疏散的设施；每季度测试疏散指示标志亮度（地面最低照度≥1 lx，楼梯间≥5 lx），故障更换率≤5%。

2．应急演练与评估

每年组织全建筑疏散演练，记录疏散时间（≤设计 RSET 的 80%），如某写字楼演练中发现 15 层以上人员疏散时间超标，通过增加临时引导员解决；演练后分析瓶颈环节，如电梯前室拥挤问题，可通过调整防火门开启方向、增设导流标识优化。

建筑防火分区与疏散设计是消防安全的“空间免疫系统”，其核心在于通过科学的分区划分和流畅的疏散路径，将火灾控制在“可防、可控、可治”的范围内。从规范条文到工程实践，从传统分隔到智能技术，设计者需始终秉持“生命安全优先、风险量化评估、技术创新驱动”的理念，确保建筑在火灾中成为守护生命的“安全堡垒”。未来，随着超高层建筑、地下空间、大跨度建筑的持续发展，防火分区与疏散设计将进一步深度融合数字孪生、智能联动等技术，实现从“合规设计”到“韧性设计”的跃升，为构建安全城市奠定坚实基础。

第二节　耐火材料与结构防火技术进展

一、耐火材料基础与性能评估

（一）耐火材料的定义与运用

耐火材料是指在高温环境下（通常＞500 ℃）能承受火焰、热辐射和高温气体作用，保持物理化学性质稳定，延缓火势蔓延的功能性材料。其核心功能是通过耐火隔热的结构支撑、抑制燃烧，为建筑结构和人员疏散争取时间，核心指标包括：

耐火极限（Fire Resistance Rating）：材料在标准耐火试验中，承受火焰和高温作用至失效（失去承载能力、完整性或隔热性）的时间，单位为小时（h），例如《建筑防火通用规范》（GB 55037–2022）规定：一级耐火等级的工业与民用建筑的上人平屋顶，其屋面板的耐火极限不应低于 1.5 h，其中建筑中承重结构，如金属结构或构件、木结构或构件、组合结构或构件以及钢筋混凝土结构或构件应根据设计耐火极限和受力情况等进行耐火性能验算和防火保护设计，或采用耐火试验验证其耐火性能。

导热系数（Thermal Conductivity）：衡量材料隔热性能的关键参数，单位为 W/m • K，其数值越低，隔热性越好（如纳米气凝胶导热系数≤0.02 W/m •K，仅为传统混凝土的 1/50）。

燃烧性能等级：按 GB 8624 划分为 A（不燃）、B1（难燃）、B2（可燃）、B3（易燃）四级，建筑内饰材料需至少达到 B1 级（如办公室吊顶采用 B1 级矿棉板）。

1．耐火材料的分类与作用机制

（1）按材质分类

1）无机耐火材料（占比 70%）

不燃材料：混凝土（耐火极限 2.5 h/300 mm 厚）、钢材（裸露钢材耐火极限仅 0.25 h，需防护）、耐火砖（黏土砖耐火极限 5.0 h）。

矿物基复合材料：岩棉（导热系数 0.04 W/m • K，用于外墙保温）、玻璃棉（最高使用温度 400 ℃，管道保温）。

防火涂料：钢结构防火涂料（厚型 W 类，耐火极限 2.0 h，涂层厚度≥25 mm）、隧道防火涂料（耐潮湿、抗冲刷）。

2）有机耐火材料（占比 30%）

阻燃聚合物：添加氢氧化铝、红磷等阻燃剂的塑料（如 B1 级阻燃 ABS，用于电子设备外壳）。

改性木材：浸渍型阻燃木材（吸收阻燃剂后氧指数≥32%，耐火极限提升至 1.0 h）、炭化型防火木材（表面形成炭化层阻止燃烧）。

2. 防火作用机制

（1）吸热降温

水合型材料（如石膏板含结晶水）遇热释放水分，降低基体温度（每释放 1 kg 水吸收 2.26 MJ 热量）。

（2）隔绝氧气

膨胀型防火涂料受热膨胀形成泡沫层（膨胀倍数≥10 倍），阻断氧气接触。

（3）抑制链式反应

含卤素阻燃剂释放自由基捕获剂（如 Sb_2O_3），终止燃烧链式反应。

（二）耐火性能测试方法

1. 标准试验方法

（1）耐火极限测试

依据《建筑构件耐火试验方法 第 1 部分：通用要求》（GB/T 9978）的规定：试件安装按实际使用场景安装固定（如墙体垂直安装、梁简支安装）；升温曲线遵循 ISO 834 标准（前 30 min 升温至 556 ℃，60 min 至 782 ℃），记录试件失效时间（承载能力、完整性、隔热性丧失）。

（2）燃烧性能测试

根据《建筑材料及制品燃烧性能分级》（GB 8624–2012）的要求，燃烧性能测试按照不同等级材料需要采取不同的方法：A 级材料采用不燃试验（炉内温升≤50 ℃，质量损失率≤5%）；B1 级材料采用单体燃烧试验（FIGRA≤120 W/s，THR（600 s）≤7.5 MJ）。

2. 新型材料认证难点

气凝胶材料需补充“高温下收缩率”测试（如 200 ℃收缩率≤1%），现有标准未覆盖纳米尺度材料性能；智能涂料需增加“变色响应温度误差”指标（允许±10 ℃），确保预警可靠性。

二、结构防火技术体系与质量控制

（一）防火材料的定义与分类

防火材料是指能够在一定时间内阻止火焰蔓延、延缓燃烧速度、降低燃烧产生的热量和烟雾，从而为人员疏散和消防救援提供更多时间，保障生命和财产安全的一类材料。

这类材料通常具有难燃、不燃、隔热、阻燃等特性，通过添加阻燃剂、采用特殊的生产工艺或选用本身具有防火性能的原材料等方式来实现防火功能。常见的防火材料包括防火板材、防火涂料、防火封堵材料、防火门窗、防火玻璃等，广泛应用于建筑、船舶、车辆、电力、化工等多个领域。

1．纳米技术驱动的防火材料革新

（1）纳米气凝胶防火材料

结构：纳米二氧化硅气凝胶（孔隙率≥90%，孔径≤50 nm），导热系数低至0.013 W/m·K，仅为静止空气的1.3倍。

应用：钢结构防火：5 mm厚气凝胶涂层等效20 mm厚传统涂料，某超高层建筑钢柱使用后，防火层重量减轻60%，空间占用减少40%；电缆防火：气凝胶防火包带包裹电缆（耐火极限1.5 h），较传统阻火包体积减小50%，适用于密集电缆隧道（如地铁电缆夹层）。

（2）石墨烯基防火涂料

机理：石墨烯片层（厚度0.34 nm）形成物理屏障，阻碍氧气和热量传递，同时催化炭化反应形成致密炭层。

性能：添加1%石墨烯的膨胀型涂料，耐火极限提升20%，烟密度降低35%（如某锂电池仓库钢结构涂覆后，耐火极限达2.5 h，烟气毒性下降40%）。

纳米晶陶瓷纤维

特性：直径≤100 nm的氧化铝陶瓷纤维，最高使用温度1 600 ℃，抗拉强度≥100 MPa，是传统陶瓷纤维的2倍。

应用：高温工业炉衬（如炼化厂加热炉）超高层建筑防火幕墙（可承受1 000 ℃高温4 h，2024年北京某地标建筑试用）。

2．智能响应型防火材料

（1）温控变色防火涂料

原理：添加VO_2/Ag复合相变材料，200 ℃时由绝缘态转金属态，颜色从透明变灰色，400 ℃变黑色，实时显示温度阈值。

应用：隧道防火涂料（如港珠澳大桥隧道使用，驾驶员可通过涂层颜色判断火灾风险等级），消防人员可快速识别结构失效区域。

（2）自修复防火密封材料

组成：硅橡胶基体+微胶囊修复剂（含环氧树脂/固化剂），裂缝≥0.5 mm时胶囊破裂，修复剂流出固化，恢复密封性能。

测试：某核电站电缆穿墙密封件经5次火灾冲击后，自修复效率达90%，耐火极限保持3.0 h（《电力工程电缆设计标准》GB 50217–2018要求≥1.0 h）。

（3）气敏型防火监测材料

功能：集成氧化锌气敏传感器的防火涂层，可检测 CO 浓度（阈值 50 ppm）、温度（阈值 60 ℃），通过蓝牙实时传输数据。

场景：古建筑木结构（如应县木塔），2023 年试点应用后，成功预警 2 次电气故障引发的早期阴燃。

3. 绿色环保型防火材料

（1）无卤素阻燃剂

替代传统含卤阻燃剂（如十溴二苯醚），采用磷氮系,如 APP（多聚磷酸铵）、MPP（三聚氰胺聚磷酸盐）、金属氢氧化物（ATH、MDH），燃烧时无 HCl、HBr 等有毒气体释放。

标准：欧盟 RoHS2.0 指令禁止含卤阻燃剂，GB/T 2408–2021 要求 B1 级材料烟毒性达 ZA1 级（如某环保型阻燃 ABS 通过认证，用于儿童玩具外壳）。

（2）低碳耐火混凝土

配方：掺入工业固废（钢渣粉、粉煤灰，掺量≥30%），减少水泥用量，碳排放降低 40%，如某绿色建筑使用该混凝土，耐火极限 2.5 h，碳足迹较传统混凝土减少 1.2 t/m^3。

（3）可降解防火封堵材料

成分：淀粉基生物降解材料+膨胀蛭石，火灾时形成隔热层，失效后在土壤中 6 个月内降解率≥90%，适用于生态保护区建筑（如青海可可西里保护站）。

（二）防火结构的定义与防火技术的运用

防火结构是指在建筑、工程设施或设备等中，通过合理设计和使用具有防火性能的建筑构件、材料及构造方式，形成能够阻止火灾蔓延、防止火灾对建筑物及内部人员和财产造成危害的一种结构体或构造体系。

防火结构通常包括防火墙、防火门、防火窗、防火卷帘、防火分隔水幕等构件，以及采用防火材料进行包覆、封堵、隔热等处理的相关构造。其设计和设置需要遵循相关的消防法规、标准和规范，以确保在火灾发生时能够有效地发挥防火分隔、阻火隔热等作用，为人员疏散和消防扑救提供保障，减少火灾损失。例如，防火墙作为一种重要的防火结构，应具有足够的耐火极限，能将建筑内的空间分隔成不同的防火分区，阻止火灾在建筑物内蔓延。

1. 超高层建筑防火

（1）外幕墙防火

材料：防火玻璃（夹胶型，耐火极限 1.5 h）+防火岩棉（厚度 100 mm），如上海中心大厦外幕墙采用“8 mm 防火玻璃+12 mm 空气层+8 mm 钢化玻璃”，耐火极限达 1.0 h。

构造：每层设置防火隔离带（宽度 500 mm），采用 A1 级岩棉填充，幕墙与楼板间隙用防火密封胶封堵（位移补偿量±25%）。

（2）核心筒防火

墙体：钢筋陶粒混凝土（密度 1 400 kg/m³，耐火极限 3.5 h），较普通混凝土减重 30%，适用于核心筒分隔。

电梯井：内壁贴 10 mm 厚纳米气凝胶毡，耐火极限提升至 2.0 h，同时降低电梯运行噪声（降噪量 15 dB）。

2．工业与能源设施防火

（1）化工储罐防火

罐壁：喷涂聚脲防火涂料（厚度 5 mm，耐火极限 1.5 h），耐化学品腐蚀（如浓硫酸、氢氧化钠），某化工厂储罐应用后，火灾时罐体温度升高速率降低 60%。

罐区：设置防火堤（混凝土结构，耐火极限 4.0 h），堤内表面涂覆反光隔热涂料（反射率≥80%），降低阳光直射导致的升温（夏季罐区温度下降 10 ℃）。

（2）锂电池储能电站防火

电池舱：内壁贴气凝胶防火板（厚度 15 mm，耐火极限 2.0 h），舱间设防火卷帘（响应时间≤30 s），某储能项目应用后，单个电池舱火灾蔓延至相邻舱的概率从 30%降至 5%。

电池包：采用改性陶瓷纤维包裹（厚度 2 mm），抑制热失控蔓延，实验显示相邻电池温差控制在 50 ℃以内（未保护时温差达 200 ℃）。

3．历史建筑与文化遗产防火

（1）砖木结构保护

木材处理：采用季铵盐类阻燃剂（低腐蚀性）浸渍，如故宫古木构件经处理后，氧指数从 18%提升至 30%，且不改变外观和文物价值。

墙体加固：在青砖墙体表面涂覆纳米二氧化硅渗透型防火涂料（厚度 0.1 mm），渗透深度 5 mm，耐火极限从 1.0 h 提升至 1.5 h，适用于敦煌莫高窟壁画保护。

（2）文物修复材料

可逆性防火涂料：以虫胶为基料，添加无机阻燃剂，火灾时形成保护层，修复时可通过酒精溶解去除，不损伤文物本体，已应用于兵马俑彩绘层保护。

4．钢结构防火技术

（1）裸露钢结构的火灾隐患

钢材熔点 1 500 ℃，但力学性能随温度升高急剧下降，钢材在 400 ℃时强度降至 50%，600 ℃时丧失承载能力（某钢结构厂房火灾中，15 min 内钢柱弯曲倒塌）。

规范要求：一级耐火钢结构需将耐火极限提升至 1.5~3.0 h（如高层钢结构建筑）。

（2）防火保护材料与工艺

1）厚型防火涂料（W 类）

成分：水泥、珍珠岩、蛭石，涂层厚度 8~50 mm，耐火极限 1.0~3.0 h。

应用：工业厂房钢柱（如某汽车厂钢柱涂 25 mm 厚涂料，耐火极限达 2.5 h），需注意湿度对黏结力的影响（湿度＞85%时需防潮处理）。

2）薄型/超薄型涂料（B 类）

成分：有机树脂+膨胀阻燃剂，涂层厚度 1.5~5.0 mm，耐火极限 0.5~1.5 h。

优势：美观（可调色）施工便捷（喷涂厚度仅为厚型的 1/10），适用于商业建筑钢桁架（如某商场钢屋顶涂 3 mm 厚涂料，耐火极限 1.0 h）。

3）防火板包覆

材料：硅酸钙板（密度 1 200 kg/m^3，耐火极限 1.5 h/10 mm 厚）岩棉夹芯板。

工艺：采用轻钢龙骨固定，接缝处用防火密封胶处理，适用于高层建筑钢柱（如上海中心大厦钢柱外包 15 mm 硅酸钙板，耐火极限 3.0 h）。

（3）新型钢结构防火材料

气凝胶复合涂层：纳米气凝胶与陶瓷纤维复合，涂层厚度 5 mm 即可达到 1.5 h 耐火极限，导热系数较传统涂料降低 40%（2023 年某数据中心应用，节省空间 30%）。

智能温控涂料：添加 VO_2 相变材料，400 ℃时由绝缘体转为导体，触发警示颜色变化（红变灰），实时监测涂层失效（2024 年发明专利，已在桥梁钢结构试用）。

5．钢筋混凝土结构防火技术

（1）混凝土的耐火优势与局限

优势：天然不燃，导热系数低（1.74 W/m·K），300 mm 厚混凝土墙耐火极限达 5.0 h。

局限：高温下水泥石脱水导致强度下降（600 ℃时强度降至 70%），钢筋锈蚀加速（湿度＞60%时腐蚀速率提升 3 倍）。

（2）防火强化措施

1）增大保护层厚度

梁柱保护层：一级耐火建筑梁保护层≥20 mm，柱保护层≥30 mm（如某办公楼框架柱保护层 35 mm，耐火极限达 3.5 h）。

板类构件：楼板保护层≥15 mm（民用建筑），工业建筑≥20 mm。

2）高性能混凝土

添加硅灰、粉煤灰（掺量 10~30%），提升耐高温性能（600 ℃时强度保留率从 60%提升至 80%）。

轻骨料混凝土（密度≤1 200 kg/m^3），导热系数降至 0.8 W/m·K，适用于建筑隔墙（如某医院轻质混凝土隔墙耐火极限 2.0 h）。

（3）钢筋防火保护

环氧涂层钢筋：在钢筋表面涂覆 150 μm 厚环氧树脂，耐高温达 300 ℃，延缓锈蚀（如某跨海大桥混凝土梁采用该技术，耐火寿命延长 15 年）。

防火毡包裹：在梁柱节点等薄弱处包裹陶瓷纤维防火毡（厚度 20 mm，耐火极限 11.0 h），弥补保护层施工缺陷。

6．木结构防火技术

（1）木结构的火灾风险

天然可燃，点燃温度 260 ℃，火焰传播速度 0.1~0.5 m/min（如某古建木屋火灾 10 min 内全屋燃烧）。

炭化特性：表面形成炭化层（500 ℃下炭化速率 0.6 mm/min），内部木材保持强度（炭化层厚度≤1/3 截面时，承载力保留 50%）。

（2）防火改性技术

①浸渍阻燃处理

药剂：硼化物（硼酸+硼砂，溶解度高）磷氮系（聚磷酸铵+三聚氰胺），吸收量≥40 kg/m³。

效果：氧指数从 20%提升至 32%，点燃时间延长 3 倍（如某景区木栈道经处理后，耐火极限达 1.0 h）。

②表面涂覆处理

透明防火涂料：丙烯酸树脂基，涂覆后木材透光率≥80%，适用于古建筑（如故宫楠木梁柱涂 3 mm 厚涂料，耐火极限提升至 1.5 h）。

炭化型涂料：受热形成致密炭层（厚度 5~10 mm），阻止火焰深入，如日本研发的硅丙基炭化涂料，耐火极限达 2.0 h。

（3）结构防火设计

尺寸优化：增大木构件截面（如梁高从 200 mm 增至 300 mm），利用炭化层保护内部结构，满足规范对耐火极限的要求（《建筑设计防火规范》GB 50016–2014 规定，三级耐火木屋架耐火极限≥1.0 h）。

防火隔离设计：木构件与墙体、楼板连接处设 100 mm 宽防火隔离带（填充岩棉），如某木结构别墅在木柱底部设混凝土基座（高度 300 mm），阻止火势从地面蔓延。

（三）建筑防火施工质量控制要点

1．钢结构防火涂料施工

（1）基材处理

钢制外护管防腐前，钢管外表面抛（喷）射除锈等级应达到 Sa2.5 级（GB 8923.1–2011），表面粗糙度 40~75 μm，确保涂层黏结力≥0.5 MPa。

（2）分层施工

厚型涂料每层喷涂厚度≤10 mm，间隔 24 h，总厚度误差±5%（如设计 25 mm 厚，实测 23.7~26.3 mm）。

2．混凝土结构防火强化

（1）保护层施工

钢筋垫块间距≤600 mm（梁柱）≤400 mm（楼板），确保厚度偏差≤+8 mm、−5 mm。

（2）高性能混凝土养护

保湿养护≥14 d，避免早期脱水导致耐高温性能下降（如某项目因养护不足，600 ℃时强度保留率仅 50%）。

3．木结构防火处理

（1）浸渍工艺

木材含水率≤15%，浸渍压力≥0.8 MPa，时间≥2 h，确保阻燃剂吸收量达标（如针叶材需≥80 kg/m^3）。

（2）涂覆均匀性

涂层厚度偏差≤10%，采用湿膜测厚仪实时监测（如透明防火涂料设计 3 mm 厚，实测 2.7~3.3 mm）。

（四）防火材料挑战与对策

1．新型火灾风险的应对

（1）锂电池热失控

现有防火材料对 600 ℃以上高温及 HF 气体腐蚀防护不足，需研发耐 HF 气凝胶与陶瓷复合涂层。

（2）超高层建筑火灾

传统防火材料在强风压（≥12 级风）下易脱落，需提升涂层黏结力（≥1.0 MPa）和抗冲击性能（冲击强度≥50 J/m）。

2．标准与技术的国际接轨

推动中国防火材料标准与 ISO、ASTM 互认，如《建筑材料及制品燃烧性能分级》（GB 8624–2012）燃烧性能分级与欧盟 EN 13501–1 等效性认证，促进国产防火涂料出口（2023 年出口额增长 15%）。

参与国际标准制定，将“纳米气凝胶防火技术”“木结构炭化保护”等中国方案纳入 ISO/TC 92/SC 3，提升国际话语权。

耐火材料与结构防火技术是建筑消防安全的“硬核支撑”，从传统混凝土到纳米气凝胶，从被动防火到智能响应，每一次突破都在改写火灾防控的技术边界。未来，随着“双碳”目标推进和新型建筑形态涌现，耐火材料将朝着“高性能化、绿色化、智能化”加速演进，而结构防火技术也将更深度融入建筑全生命周期，实现从“事后补救”到“事前免疫”的跨越。作为消防安全的基石，耐火材料与结构防火技术的持续创新，必将为构建更安全、更可持续的城市建筑环境奠定坚实基础。

六、耐火材料和防火材料技术发展趋势

（一）材料性能的“多维度提升”

研发“耐火—隔热—导电”多功能材料，如石墨烯气凝胶复合涂层，既防火又可作为电磁屏蔽材料（某数据中心试用，耐火极限 1.5 h，屏蔽效能≥30 dB）。

开发“超耐久防火材料”，通过表面改性技术（如纳米 TiO_2 涂层），将防火涂料寿命从 5 年延长至 15 年（适用于海洋性气候建筑）。

（二）与建筑信息模型（BIM）深度融合

建立“耐火材料数字孪生库”，集成材料成分、耐火极限、施工工艺等参数，在 BIM 模型中模拟火灾时的结构性能演变（如某体育馆 BIM 模型可实时显示不同防火分区的耐火状态）。

实现“防火材料全生命周期管理”，通过 RFID 标签记录材料安装位置、检测数据，智能预警更换周期（如某机场航站楼防火板到期自动提醒更换）。

（三）绿色低碳与智能化协同

推广“被动式防火设计”，通过建筑形体优化（如增加防火挑檐）减少防火材料用量，某绿色建筑项目通过体型设计，防火涂料使用量减少 20%。

开发“自诊断防火系统”，结合物联网传感器与 AI 算法，实时评估耐火材料性能退化程度（如某桥梁钢结构防火涂层退化评估系统，预测精度达 90%）。

第三节　特殊场所（高层、地下等）防火策略

特殊场所（如高层建筑、地下空间等）因结构复杂、人员密集、疏散困难等特点，火灾风险高且扑救难度大，需采取针对性防火策略，特殊场所防火需坚持“预防为主、防消结合”，通过设计优化、技术升级和精细化管理，构建“人防+物防+技防”三位一体防控体系，最大限度降低火灾风险。

一、特殊场所火灾风险解析

（一）特殊场所的界定与分类

特殊场所指因建筑结构、使用功能或环境条件特殊，导致火灾风险显著高于普通场所的空间，主要包括：

①垂直维度特殊：超高层建筑（＞250 m）、高层建筑（＞27 m 住宅或＞24 m 公共建筑）；②水平维度特殊：地下空间（地下商场、地铁、隧道，深度＞5 m）、大空间建筑（体育馆、

航站楼，净高＞24 m）；③功能特殊：化工装置区、锂电池储能站、数据中心（IT 设备密度＞20 kW/m²）。其核心特征是“三超一难”：超常规风险（如锂电池热失控）、超复杂环境（如地下密闭空间）、超技术依赖（如高层全靠消防设施）、难应急处置（如超高层救援高度限制）。

（二）特殊场所火灾风险分析

1．蔓延路径复杂化

（1）高层建筑

电梯井、管道井形成“烟囱效应”，烟气上升速度达 6~8 m/s，远超人员疏散速度（1~2 m/s），如某 200 m 建筑火灾中，烟气 18 s 可从底层升至顶层。

（2）地下空间

仅靠机械排烟（自然排烟率＜10%），烟气层下降速度 0.1~0.3 m/min，CO 浓度易突破危险阈值（1 000 ppm）。

2．人员安全威胁升级

（1）高层疏散时间长

30 层建筑理论疏散时间达 25 min，远超普通建筑（疏散时间 5 min）。

（2）地下空间能见度低

火灾时烟气遮光率＞90%，1 min 内能见度＜5 m，如 2017 年某地下车库火灾，30%被困人员因迷失方向延误逃生。

3．消防设施依赖性强

超高层建筑消防水系统需分区供水（每 50 m 设中继水箱），一旦停电或水泵故障，30 min 内系统失效。

数据中心依赖气体灭火系统（如七氟丙烷），但电池室火灾可能引发灭火剂分解产生 HF 气体（毒性是 CO 的 10 倍）。

二、高层建筑火灾防护体系构建

（一）高层建筑火灾风险特征深度解析

1．结构风险

（1）烟囱效应分级

低速烟囱效应（风速＜5 m/s）：仅竖井内烟气流动，影响范围≤10 层。

高速烟囱效应（风速＞10 m/s）：形成跨层烟气蔓延，如 2018 年迪拜火炬大厦火灾，火焰沿外立面向上升腾，15 min 内蔓延 50 层。

（2）外墙材料风险

保温材料：B2 级 EPS 保温板燃烧释放苯乙烯（半致死浓度 LC50=8 000 ppm），2010

年上海胶州路大火因该材料燃烧，58 人因吸入有毒烟气死亡。

玻璃幕墙：250 ℃时钢化玻璃炸裂（间隔 3~5 min），形成“飞火”引燃上层阳台可燃物。

2．功能风险

（1）设备层隐患

电梯机房（接触器电弧故障）、空调机组（冷冻油泄漏）、火灾发生率是普通楼层的 3 倍。

（2）人员行为风险

高层住宅中，60%的火灾由电气故障引发，且 30%住户未配备逃生面罩（GB 50016 要求高层住宅应配备）。

（二）高层建筑防火设计核心策略

1．结构防火强化

（1）避难层设计标准

间距≤50 m（相当于 15 层），面积≥0.2 m^2/人，如上海中心大厦 124 层避难层可容纳 2 000 人，配备独立新风系统（供氧量≥30 m^3/人/h）；与相邻楼层分隔：采用 3.0 h 防火墙+甲级防火门，且避难层楼板设绝热层（热通量≤1.5 kW/m^2）。

（2）外幕墙防火

每层设水平防火隔离带（宽度≥500 mm），采用 A1 级岩棉填充；玻璃幕墙与窗槛墙间隙≥800 mm，且内侧设自动喷水系统（响应时间≤60 s）。

2．疏散系统优化

（1）“平灾结合”疏散路径

超高层设置“空中疏散平台”（如迪拜哈利法塔每 25 层设露天平台），火灾时作为临时集合点；住宅建筑推广“互救式阳台”（相邻阳台设乙级防火门，火灾时可跨户疏散）。

（2）智能疏散技术

AR 导航系统：通过手机 App 显示实时烟气分布，动态规划无烟路径（某酒店应用后疏散时间缩短 35%）；疏散电梯联动：火灾时自动降落至首层，转为“消防电梯”（载重≥800 kg，运行速度≥2.5 m/s）。

（三）高层建筑消防设施配置与联动

1．主动防火系统

（1）全淹没式自动喷水系统

建筑高度大于 100 m 的公共建筑，其高层主体内设置的自动喷水灭火系统应采用快速响应喷头（RTI≤50 m • s ^0.5）《消防设施通用规范》（GB 55036-2022）；《自动喷水灭火系统设计规范》（GB 50084–2017）中规定：非仓库类高大净空场所的喷头间距≤3.0 m，其中，中庭、影剧院等高大空间的喷头作用面积≥260 m²；设备层设置水喷雾系统（雾化粒径≤300 μm），冷却高温设备（如变压器表面温度控制≤150 ℃）。

（2）智能防排烟系统

机械加压送风：楼梯间压力 50 Pa，前室 25 Pa，采用变风量风机（响应时间≤10 s）。

自然排烟窗：外窗设温控释放装置（动作温度 70 ℃），开启面积≥房间面积的 2%（如某写字楼火灾中，自动开窗率达 90%，烟气层高度维持在 3 m 以上）。

2．特种消防装备

（1）超高层灭火装置

屋顶直升机停机坪设消防水炮（射程≥150 m，流量≥60 L/s），可扑救顶部设备层火灾；避难层配置“消防接力供水系统”，通过压力传感器自动启动中继泵（启动压力差≥0.3 MPa）。

（2）智慧消防应用

物联网监测可实时采集消防水箱水位（精度±1%），消防电梯运行状态，异常数据 10 s 内预警；数字孪生模型模拟不同楼层起火时的烟气流动，优化防排烟策略（如某超高层模型将机械排烟能耗降低 20%）。

（四）高层建筑安全管理与应急响应

1．精细化日常管理

（1）“栋长制”责任体系

每栋高层设专职栋长（持证上岗），每日巡查消防通道（堵塞率≤5%），每周测试消防电源（切换时间≤0.5 s）。

（2）动火作业“三查三禁”

查动火证、查防护措施、查监护人员，禁雨天动火、禁夜间动火、禁超范围动火（如某小区违规夜间动火引发火灾，栋长被追究刑事责任）。

2．分级应急响应机制

（1）初期处置（0~3 min）

消控室确认报警后，30 s 内启动应急广播，1 min 内通知微型消防站（配备电动消防摩托，3 min 内到达起火层）。

（2）专业救援（3~15 min）

消防指挥中心调派登高平台车（举升高度≥建筑高度 1.2 倍）、高扬程水泵（压力≥1.6 MPa），同时联动周边 3 个消防站增援。

（3）战后恢复

启用备用消防水源（如景观水池、中水系统），2 h 内恢复核心区供水，4 h 内完成烟气排放（换气次数≥12 次/ h）。

三、地下空间火灾防控体系构建

（一）地下空间火灾风险特征深度解析

1．环境风险

（1）缺氧燃烧

地下空间氧气浓度每下降 1%，燃烧热释放速率下降 5%，但 CO 生成量增加 10%，如某地下商场火灾中，氧浓度降至 16%，CO 浓度达 2 000 ppm（致死浓度 10 000 ppm，暴露 30 min 即危险）。

（2）热蓄积效应

散热效率仅为地上空间的 30%，火灾时环境温度易达 800 ℃以上（如地铁隧道火灾最高温度达 1 200 ℃，远超普通建筑 600 ℃）。

2．功能风险

（1）交通枢纽特性

地铁列车电气故障（占比 40%），车站商铺火灾（占比 30%），如 2019 年某地铁站商铺电气短路，2 min 内烟气蔓延至整个站台。

（2）物流仓储风险

地下仓库火灾荷载密度≥200 kg/m^2（普通仓库 100 kg/m^2），且 80%未设置早期抑制喷头（ESFR）。

（二）地下空间建筑防火设计核心策略

1．分区与分隔强化

（1）防火分区细化

地下商场≤1 000 m^2（设自动喷水系统），且相邻分区通过下沉式广场连接（净面积≥169 m^2，疏散楼梯宽度≥1.4 m）；地铁车站站台与站厅层设防火墙分隔，开口处设特级防火卷帘（宽度≤9 m，下降时间≤60 s）。

（2）结构耐火提升

隧道主体采用 C30 防火混凝土（耐火极限≥3.0 h），内部装修材料均为 A1 级（如防火涂料、玻镁板）；地下车库车道与停车区设防火隔离带（宽度≥6 m），采用不燃材料且设置自动喷水系统。

2．疏散系统优化

（1）“定向引导”设计

地铁车站设置“嗅觉引导”（释放柠檬草气味指向安全出口），配合灯光流（每秒 1.5 m 速度流动），实验显示疏散效率提升 25%；地下商场疏散通道设“触觉导向带”（表面凸纹宽度 50 mm），方便视障人员识别（如北京某地下商场触觉带覆盖率达 100%）。

（2）避难设施升级

长隧道每 500 m 设避难硐室（面积≥50 m^2），配备独立供氧系统（供氧量≥20 m^3/h）应急通信装置（信号覆盖盲区≤10 m）；地下车库设“防烟楼梯间前室”（面积≥6 m^2），前室与车库之间设乙级防火门+空气幕（风速≥25 m/s）。

（三）地下空间消防设施配置与联动

1．主动防火系统

（1）高效排烟技术

地铁区间隧道设“活塞风排烟”（利用列车运行产生的气流，排烟量≥60 m^3/min），配合射流风机（推力≥500 N），确保烟气向两端排出；地下商场采用“蓄热式排烟”，利用顶部蓄热层（厚度 300 mm）延迟烟气下降，为疏散争取 5 min 时间。

（2）特种灭火装置

电缆隧道设置“超细干粉灭火系统”（粒径≤20 μm），响应时间≤10 s，抑制电缆火灾蔓延（如某数据中心隧道应用后，火势控制率达 95%）；地下油库采用“泡沫喷雾系统”（混合比 3%），喷雾强度≥8 L/min • m^2，扑灭流淌火时间≤2 min。

2．智能监测与联动

（1）多参数预警

地下空间部署“气–温–烟”复合传感器，同时监测 CO（阈值 50 ppm）温度（阈值 60 ℃）烟雾（遮光率≥10%），降低误报率（传统烟感误报率 15%，复合传感器降至 3%）。

（2）应急照明升级

采用“动态引导灯”（箭头方向随火灾位置变化），照度≥5 lx（普通地下空间 3 lx），且电池续航时间≥90 min（《消防应急照明和疏散指示系统技术标准》〔GB 51309–2018〕要求≥60 min）。

（四）地下空间安全管理与应急响应

1．特殊场景管理规范

（1）地铁“三停一查”制度

每日停运后检查电缆接头（温度≤60 ℃）、商铺电源（漏电电流≤30 mA）、防排烟风机（启动时间≤15 s）。

（2）地下仓库“五距”管理

堆垛与墙距≥50 cm、柱距≥30 cm、梁距≥30 cm、灯距≥50 cm、行距≥1.2 m，且每垛设置独立火灾监测模块。

2．专业化应急处置

（1）“分区封锁”战术

地铁火灾时，1 min 内封锁起火列车相邻车厢，3 min 钟内关闭相邻车站出入口，防止烟气扩散（如 2023 年某地铁火灾，通过分区封锁将影响范围控制在 2 个站台）。

（2）“蛙跳式”救援长隧道火灾中，救援人员佩戴正压式呼吸器（供气时间≥60 min），每 50 m 设临时指挥部，采用接力方式推进（推进速度≥10 m/min）。

四、防火的多元场景实践案例分析

（一）大空间建筑（体育馆、航站楼）

1．火灾风险

净高＞24 m 导致传统烟感失效（烟气层高度＞15 m 时探测延迟＞3 min），可燃物集中在装修材料（如座椅海绵，B1 级但燃烧释放 HCN）。

2．防控策略

（1）早期预警

安装吸气式感烟探测器（采样管间距≤10 m），检测 0.001% obs/m 的极早期烟雾。

（2）性能化设计

通过 FDS 模拟确定分区面积（如某体育馆允许达 12 000 m^2，设置了大空间智能灭火装置，响应时间≤30 s）。

（二）化工装置区与储能电站

1．火灾风险

化工装置区甲类可燃气体泄漏（爆炸极限 1.2%~7.0%），锂电池储能站热失控（单个电池失控引发链式反应，温度骤升 1 000 ℃）。

2．防控策略

（1）本质安全设计

化工装置设双重切断阀（响应时间≤2 s）储能电站电池舱设热失控隔离板（耐火极限 1.5 h）。

（2）特种消防装备

化工区配备涡喷消防车（灭火效率是普通水炮的 5 倍）储能站，部署全氟己酮灭火装置（喷放时间≤10 s，抑制自由基生成）。

（三）数据中心与精密设备机房

1．火灾风险

电气火灾占比 70%（IT 设备过载、UPS 电池短路），传统水系统可能造成设备损坏（损失达 10 亿元/ h）。

2．防控策略

（1）气体灭火优化

采用“七氟丙烷+IG541”混合气体（灭火浓度 8%），同时设置预作用喷水系统（火灾确认后 30 s 启动，防止复燃）。

（2）智能监测

部署“Uptime Tier Ⅲ级数据中心”，每机架设微压差传感器（精度±0.1 Pa），异常振动触发自动巡检。

（四）超高层建筑防火标杆——上海中心大厦

1．设计亮点

（1）避难层

124 层避难层配备独立新风系统（抗风压≥1.2 kPa），可抵御 12 级台风。

（2）消防系统

全球首个“超高压细水雾系统”（压力≥10 MPa），用水量仅为传统水系统的 1/3，保护玻璃幕墙内侧设备。

2．实战验证

2023 年模拟顶层设备层火灾，烟感 15 s 报警，细水雾 30 s 启动，10 min 内控制火势，人员疏散时间 18 min（设计值 25 min）。

（五）地下空间防火典范——东京银座地下商城

1．技术创新

（1）疏散引导

采用“气味导航系统”（安全出口释放薄荷味，火灾区域释放苦味），配合地板 LED 灯带（箭头变换速度 2 m/s）。

（2）防排烟

设置“空气帘幕”（风速 30 m/s）分隔不同防火分区，火灾时自动启动，阻止烟气渗透效率达 90%。

2．管理经验

每日闭店后进行“激光扫描巡检”，30 min 内完成 20 万平方米空间的隐患排查（传统人工巡检需 8 h）。

五、特殊场所防火挑战与创新突破路径

（一）特殊场所防火技术创新方向

1．主动抗灾结构

研发“可恢复耐火结构”，采用形状记忆合金框架，火灾后通过加热恢复变形，如某超高层试验模型在 800 ℃火灾后 2 h 内恢复 80%承载力。

2．智能决策系统

开发“消防数字孪生平台”，实时模拟特殊场所火灾演化，自动生成最优处置方案（如

某地下空间平台响应时间≤10 s，方案准确率达 92%）。

3．新型材料应用

推广“气凝胶防火涂层”，5 mm 厚涂层等效 20 mm 厚传统涂料，用于超高层外墙保温（防火等级 A1 级，导热系数 0.013 W/m・K）。

（二）特殊场所防火核心挑战与对策

1．救援高度限制

（1）现状

全球最高登高平台车 101 m，仅能覆盖 30 层以下建筑。

（2）对策

研发“无人机消防系统”（载重 200 kg，飞行高度 500 m），可投放灭火弹（单枚抑制 20 m^2 火势）。

2．地下通信盲区

（1）现状

地下空间无线信号覆盖率＜60%，火灾时通信中断率达 40%。

（2）对策

部署“光纤分布式测温通信系统”（DTS），同时传输温度数据与语音信号，盲区率降至 5%。

3．标准体系完善

（1）现状

中国《建筑设计防火规范》（GB 50016–2014）中超高层防火规范部分参数滞后于建筑发展（如未明确＞300 m 建筑的避难层供氧标准）。

（2）对策

启动“特殊场所防火专项标准”编制，参考国际标准，预计 2025 年发布。

特殊场所防火是消防安全领域的“珠穆朗玛峰”，其策略构建需突破传统思维，融合结构防火、智能技术与精细管理。从超高层的“抗灾型设计”到地下空间的“韧性化防控”，每一项策略都是对火灾预防管理科学的深度诠释。未来，随着建筑形态持续创新（如千米级建筑、深层地下城市），特殊场所防火将更依赖“多学科交叉、全生命周期管理、动态风险自适应”技术，而这也正是消防安全技术迈向智能化、精准化的必由之路。唯有以“极端场景预设、极限性能追求”为导向，才能为人类构筑抵御火灾的“超级堡垒”，让城市安全地向地上生长，向地下延伸。

第三章　消防设施与智慧化技术应用

第一节　自动报警与灭火系统的技术迭代

消防设施与智慧化技术的结合，通过物联网、大数据、AI 等新兴技术，推动传统消防向智能化、精准化、高效化转型，构建“监测—预警—处置—管理”全链条防控体系。

一、消防报警系统演进轨迹

（一）传统报警系统的技术奠基（19 世纪末~20 世纪末）

1．早期探测技术起源

（1）感温探测器雏形

1890 年美国发明家弗朗西斯・巴顿发明首个双金属片感温报警器，温度达 70 ℃时金属片弯曲触发警铃，奠定热胀冷缩探测原理。

（2）离子感烟探测器

20 世纪 40 年代研发，利用 Am–241 放射性源电离空气，烟雾颗粒改变离子流触发报警，是首个实现商业化的烟感探测器（如美国 Notifier 品牌早期产品）。

2．模拟量报警系统

（1）多传感器融合

20 世纪 80 年代出现模拟量感烟探测器，通过测量烟雾粒子对光的散射程度（如红外光束感烟器，探测距离达 100 m），减少误报率（传统开关量探测器误报率 15%，模拟量降至 5%）。

（2）总线制系统

替代传统多线制，一根总线可连接 256 个探测器（如西门子 Sinteso 系统），施工成本降低 60%，开启报警系统网络化先河。

3．标准体系形成

（1）国际标准

《火灾探测和报警系统.第 7 部分：使用散射光、透射光或电离的点型烟雾探测器》（ISO 7240–7:2023）中规定探测器响应阈值（烟感≤0.15 dB/m，温感≤1 ℃/min 温升）。

（2）中国规范

《火灾自动报警系统设计规范》（GB 50116–2013）明确系统构成，要求一类高层建筑全覆盖自动报警系统。

（二）智能化报警系统的技术突破（21 世纪初）

1．数字智能探测器

（1）地址式探测器

每个探测器独立编码，定位精度达±2 m，解决传统系统“报警不定位”问题。

（2）复合探测技术

融合烟、温、CO 三参数（如霍尼韦尔 XCD 探测器），采用模糊算法判断火灾概率（准确率≥95%），误报率进一步降至 1%以下。

2．吸气式感烟系统（VESDA）

（1）极早期预警

通过抽气泵采集空气样本（采样管长≤200 m），检测 0.001%obs/m 的烟雾浓度，比传统烟感提前 30 min 报警，适用于数据中心（如腾讯云服务器机房应用，成功预警 32 次电气故障）。

（2）管网设计

采用毛细采样孔（直径 2 mm），间距 5~10 m，确保气流均匀（流速≥1 m/s），解决大空间（净高＞12 m）探测盲区问题。

3．视频火灾报警

（1）烟火识别算法

基于可见光/红外图像，识别火焰（闪烁频率 3~30 Hz）和烟雾（灰度变化率＞10%/帧），如安舍 Elmdar 系统，响应时间≤10 s，适用于博物馆（如故宫重点区域部署，误报率＜0.5 次/年）。

（2）智能联动

与监控系统集成，报警时自动调取现场视频，辅助确认火情（如某商场火灾中，值班人员通过视频快速排除误报，节省处置时间 80%）。

（三）物联网时代的报警系统革命（2015 年至今）

1．NB–IoT 与 LoRa 技术应用

（1）无线智能探测器

采用窄带物联网（NB–IoT）传输数据（功耗≤10 μA），解决老旧建筑改造布线难题，

如北京胡同区安装独立式烟感（电池寿命 5 年），2023 年预警家庭火灾 2 700 次，成功率 92%。

（2）区域组网

LoRa 技术实现 5 km 范围自组网（如森林火险监测，单基站覆盖面积 20 km^2），实时回传温度、烟雾数据，早期发现率提升至 90%。

2．AI 驱动的精准预警

（1）深度学习算法

训练火灾特征模型（如 ResNet-50），识别电缆隧道阴燃（传统系统漏报率 30%，AI 系统降至 5%），某地铁项目应用后，异常事件识别准确率达 98%。

（2）动态阈值调整

根据环境参数（如厨房油烟浓度、厂房粉尘量）自动修正报警阈值，避免误报（如餐饮场所报警阈值从 0.5 dB/m 动态调整至 1.2 dB/m，误报率下降 70%）。

3．城市级报警联网平台

（1）消防大脑建设

如杭州市“城市消防物联网平台”接入 50 万栋建筑、2 000 万探测器，通过大数据分析高风险区域（如电动车充电区，报警频次占比 35%），指导精准防控。

（2）跨系统联动

与 119 接警中心、社区网格员 App 实时联动，报警信息 3 s 内推送至三方（物业、社区、消防），2024 年某小区火灾中，三方协同将响应时间压缩至 5 min（传统模式 15 min）。

二、灭火系统类型发展

（一）喷水灭火系统的百年演进

1．湿式系统奠基（1874 年至今）

（1）早期应用

1874 年美国俄亥俄州棉纺厂安装首个自动喷水系统，采用易熔合金喷头（熔点 74 ℃），火灾损失率较未安装区域降低 80%。

（2）技术优化

快速响应喷头（RTI≤50 m • s ^0.5）响应时间较标准喷头（RTI=80）缩短 30%，如 ESFR 喷头用于仓库（动作温度 68 ℃，控制早期火势蔓延）（《自动喷水灭火系统设计规范》GB 50084-2017）；预作用系统解决湿式系统冬季冻裂问题，火灾报警后自动充水（充气压力 0.03 MPa），适用于北方地区（如沈阳某物流园应用后，故障次数下降 90%）。

2．特种喷水技术

（1）细水雾系统

高压系统（压力≥10 MPa）雾化粒径≤100 μm，冷却效率是传统水系统的 3 倍，用于数据中心（如阿里巴巴千岛湖数据中心，用水量仅为传统系统的 1/5）；开式系统配合火灾报警联动，如舞台特效区设置开式喷头（动作温度 93 ℃），30 s 内控制特效火焰（热值≤5 MW）。

（2）大空间智能灭火装置

自动寻的射流（探测距离 30 m）采用双波段红外传感器，定位火源偏差≤2°，如广州大剧院穹顶部署装置，响应时间≤45 s，保护面积 2 000 m^2/台。

3．系统标准化与效能提升

《自动喷水灭火系统设计规范》（GB 50084–2017）细化场所分类，如商业中庭喷水强度从 6 L/min·m^2 提升至 12 L/min·m^2；美国 NFPA 13《喷水灭火系统标准》要求仓库 ESFR 喷头间距≤3.0 m，早期抑制效率达 95%（对比普通喷头 70%）。

（二）气体灭火系统

气体灭火系统是指平时灭火剂以液体、液化气体或气体状态存贮于压力容器内，灭火时以气体（包括蒸汽、气雾）状态喷射作为灭火介质的灭火系统。它主要通过向防护区内喷射灭火剂，使其在防护区内达到一定的浓度，从而抑制燃烧反应或降低氧气含量，实现灭火的目的。

1．卤代烷替代技术

（1）七氟丙烷（HFC–227ea）

灭火浓度 8%，喷放时间≤10 s，抑制自由基反应（中断 H·、OH·链式反应），适用于配电室（如国家电网变电站，保护设备价值超 10 亿元，无次生灾害记录）。

环保特性：ODP=0，GWP=3 500（较哈龙 1301 下降 90%），但受《蒙特利尔议定书》修订版限制，2030 年起逐步淘汰。

（2）IG–541 混合气体

氮气（52%）、氩气（40%）、二氧化碳（8%），物理窒息灭火（氧浓度降至 15%），保护文物古籍（如故宫书画库，灭火后气体无残留，文物损伤率＜0.1%）。

压力要求：储存压力 15 MPa（高压系统），管网输送距离≤100 m，适用于中小空间（≤500 m^2）。

2．新型环保灭火剂

（1）全氟己酮（FK–5112）

灭火浓度 4%，喷放时间≤5 s，蒸发潜热大（120 kJ/kg），主要用于锂电池储能（如宁德时代电池仓，抑制热失控效率达 90%，且对电池无腐蚀）。

安全特性：无毒（NOAEL=5 000 ppm），适用于有人场所（如医院手术室，允许最大浓度≤6%）。

（2）气溶胶灭火剂

热气溶胶（K 型、S 型）：通过化学反应生成 N_2、CO_2，适用于电缆隧道（如川藏铁路隧道，保护长度 500 m，启动时间≤15 s），但存在固体残渣（残留率≤5%）需定期清理。

3．系统智能化升级

（1）双灵敏度探测

气体灭火系统采用“烟感+温感”双确认（如某通信机房，避免单探测器误报导致误喷，2023 年误喷事故下降 80%）。

（2）压力自适应控制

根据防护区海拔自动调整喷放压力（如青藏高原地区，压力补偿系数 1.2，确保灭火浓度达标）。

（三）泡沫与干粉灭火系统的专业化发展

1．泡沫灭火技术

（1）AFFF 水成膜泡沫

混合比 3%，泡沫析液时间≥30 min，形成水膜隔离燃料（适用于汽油火灾），如港口油库应用，灭火时间≤5 min（对比普通蛋白泡沫 15 min）。

抗复燃设计：配合水喷淋冷却（强度≥20 L/min · m^2），如某化工厂储罐火灾，泡沫灭火后持续冷却 48 h，复燃率从 40%降至 5%。

（2）高倍数泡沫

发泡倍数 200~1 000 倍，填充速度 0.3 m/min，用于地下空间（如地铁车站，淹没高度≥2 m，窒息灭火时间≤3 min），如东京地铁部署系统，保护面积 5 000 m^2/套。

2．干粉灭火系统

（1）超细干粉（粒径≤20 μm）

比表面积增大 3 倍，灭火效能提升 50%，适用于石油化工（如反应釜保护，喷放时间≤8 s，抑制初期火灾成功率 95%）。

（2）组合应用

与气体灭火系统联动，如数据中心采用“干粉预控+七氟丙烷主灭”，初期火势控制时间缩短至 10 s。

三、消防报警系统协同创新与未来趋势

（一）报警与灭火系统的协同机制

1．三级联动逻辑

（1）一级联动（现场级）

探测器报警→启动本层警铃、消防广播（30 s 内），如某商场火灾，报警后自动播放“XX 区域起火，请从东侧楼梯撤离”。

（2）二级联动（建筑级）

确认火警→启动防排烟系统（风机 10 s 内启动）→消防电梯归底（运行时间≤60 s），

如超高层建筑启动“着火层+上下两层”联动排烟。

（3）三级联动（城市级）

重大火灾→触发城市应急平台，调度周边3个消防站（如北京市五环内实现“5 min到场”，调度响应时间≤30 s）。

2．智能联动技术

（1）动态路径规划

根据报警位置自动生成灭火路线，如化工厂火灾时，系统优先开启邻近泡沫罐阀门（响应时间≤2秒），避开故障管道。

（2）负荷自适应控制

根据火势大小调整喷水强度（如仓库火灾初期开10个喷头，蔓延后增至30个），避免水资源浪费（较传统系统节水30%）。

（二）智慧消防中的系统集成

1．物联网平台架构

（1）感知层

部署智能探测器（带MCU芯片，支持OTA升级）、压力/流量传感器（精度±1%），实时采集系统状态。

（2）平台层

通过边缘计算处理数据（如过滤90%正常信号），云端存储报警记录（存储周期≥5年），如某省平台接入20万栋建筑，日均处理数据1.2亿条。

（3）应用层

App端实现“一键报警+预案推送”，如值班人员收到报警后，系统自动推送《配电室灭火处置方案》，指导操作步骤（断电→启动气体灭火→上报火警）。

2．数字孪生技术应用

（1）虚拟系统建模

对建筑消防系统建立1∶1数字孪生模型，模拟喷头启动顺序、烟气流动路径，如某医院模型提前发现3处喷头布置盲区，优化后保护覆盖率从92%提升至100%。

（2）预案演练验证

通过模拟不同火灾场景（如厨房油锅火灾、病房电气火灾），测试系统联动效果，某养老院演练发现报警与灭火启动存在15 s延迟，通过优化逻辑缩短至5 s。

（三）自动报警与灭火系统技术迭代的核心因素

1．法规标准升级

《消防应急照明和疏散指示系统技术标准》（GB 17945—2024）新标准对应急照明配电箱的连锁控制功能进行了详细规定，包括主电源断电、正常照明电源断电以及通信故障等情况下的连锁反应机制。在面临电力故障或通信中断等突发状况时，系统能够依据预设的连锁控制机制，迅速且准确地切换到应急状态，确保灯具的持续照明。

2．火灾风险演变

（1）新能源火灾

锂电池热失控要求灭火系统响应时间≤10 s（传统系统 30 s），催生全氟己酮快速喷放技术。

（2）城市立体化

超高层建筑要求报警系统定位精度≤5 m、灭火系统供水压力≥2.5 MPa，推动分布式智能系统研发。

3．信息技术革命

（1）5G 技术

支持高清视频实时回传（延迟≤50 ms），实现“可视化报警”，如消防指挥中心可实时查看火场画面，精准调派装备。

（2）区块链技术

存证报警数据（如探测器动作时间、灭火系统喷放记录），某博物馆项目应用后，火灾事故责任追溯时间从 72 h 缩短至 2 h。

（四）当前技术瓶颈与对策

1．误报率与漏报率的平衡难题

（1）现状

传统烟感在多尘环境误报率达 20%，AI 探测器在阴燃阶段漏报率 15%。

（2）对策

开发“多光谱融合探测”（可见光+红外+紫外），如某机场航站楼部署三波段探测器，复杂环境误报率降至 0.3%，漏报率＜2%。

2．新型灭火剂对环境的负面影响

（1）现状

七氟丙烷 GWP=3 500，面临国际淘汰压力，全氟己酮生产成本高（约 10 万元/ t）。

（2）对策

加速研发“无氟灭火剂”（如 CO_2 相变灭火技术，GWP=1），某实验室已实现 CO_2 雾化灭火（效率达七氟丙烷 80%），预计 2028 年商业化。

（五）报警系统发展趋势

1．多模态融合探测

集成激光雷达（LiDAR）与气体传感器，构建“空间–成分”立体监测，如某智能工厂部署系统，可识别 0.1%vol 可燃气体泄漏并定位（精度±1 m）。

2．自诊断与预测维护

探测器内置 AI 芯片，实时评估自身性能（如光电管老化程度、粉尘污染等级），自动生成维护工单（如某数据中心系统自诊断准确率达 95%，人工巡检频次下降 60%）。

3．卫星遥感报警

低轨卫星搭载红外传感器（分辨率≤10 m），监测森林/草原火险（温度异常≥15 ℃即预警），如中国“风云五号”卫星监测范围覆盖 960 多万平方千米，早期预警率提升至 95%。

（六）灭火系统创新方向

1．纳米颗粒灭火剂

纳米水基灭火剂（粒径≤50 nm）：表面能提升 3 倍，灭火效率是传统水剂 2 倍，如某锂电池企业应用，扑灭热失控电池时间从 3 min 缩短至 45 s。

2．机器人协同灭火

消防机器人搭载微型灭火系统（如干粉储量 5 kg），进入高危区域（如高温、有毒环境），配合报警系统定位，实现“探测—灭火—撤离”全自动流程（如某化工火灾中，机器人 3 min 内控制初期火势）。

3．生物启发灭火

模拟白蚁巢穴通风原理设计智能排烟系统，火灾时自动调整百叶窗角度（如某体育馆系统，排烟效率提升 40%，能耗降低 30%）。

自动报警与灭火系统的技术迭代，是消防领域“以防为主”理念的最佳注脚。从双金属片到 AI 探测器，从湿式系统到全氟己酮，每一次突破都在重新定义火灾防控的“时间窗口”。未来，随着物联网、数字孪生、纳米技术的深度融合，系统将从“自动化”迈向“自主化”，实现“风险可感、火势可控、处置可预测”。对于消防安全管理而言，掌握技术迭代规律、推动系统效能升级，既是应对新型火灾风险的必然选择，也是构筑现代化消防体系的核心路径。唯有紧跟技术浪潮，才能让自动报警与灭火系统成为守护生命财产的“智能铠甲”，在火灾防控的战场上始终保持“先发制敌”的优势。

第二节　物联网与大数据技术在消防监测中的实践

在现代社会，消防安全至关重要。随着城市化进程的加速和各类建筑的复杂化，传统的消防监测手段渐渐难以满足日益增长的安全需求。物联网与大数据技术的兴起，为消防监测领域带来了革命性的变革。通过物联网，各类消防设备和设施能够实现互联互通，实时采集数据；大数据技术则可对海量数据进行高效分析，挖掘潜在价值，从而提高消防监测的准确性、及时性和智能化水平，为预防火灾、快速响应和科学决策提供有力支持。

一、物联网与大数据在消防监测中的实践应用与安全保障

（一）物联网架构及其在消防监测中的应用

物联网架构主要分为感知层、网络层和应用层，在消防监测中各层发挥着关键作用。

1．感知层：数据采集的基石

感知层负责采集各类消防相关数据，是整个物联网消防监测体系的基础。这一层部署了丰富多样的传感器设备。

（1）火灾探测器类

包括传统的烟感、温感探测器，以及新型的一氧化碳、可燃气体探测器等。例如，智能烟感探测器采用光电感应技术，能精准检测到烟雾浓度变化，当烟雾浓度达到预设报警阈值时，迅速将信号传输至后续层级。在某商业综合体中，通过安装智能烟感探测器，成功在早期发现了多起因电气故障引发的阴燃火灾，避免了火势扩大。

（2）消防设施状态传感器

针对消火栓系统，安装水压传感器实时监测管网水压。一旦水压低于正常工作范围，系统立即发出警报，提示可能存在漏水或消防泵故障等问题。在某老旧小区改造项目中，通过安装消火栓水压传感器，及时发现并解决了多处管网漏水隐患，保障了消火栓系统在紧急情况下的正常使用。对于自动喷水灭火系统，流量传感器可监测喷头的喷水流量，判断系统是否正常启动以及喷水覆盖范围是否达标。

（3）电气火灾监控传感器

在建筑电气线路中，剩余电流式电气火灾监控探测器和测温式电气火灾监控探测器被广泛应用。剩余电流式探测器能检测线路中的异常剩余电流，测温式探测器则对电气设备的温度进行实时监测。在某数据中心，通过部署电气火灾监控传感器，提前预警了多起因线路老化、过载引发的潜在火灾风险，确保了数据中心的安全稳定运行。

2．网络层：数据传输的桥梁

网络层负责将感知层采集到的数据安全、快速地传输到应用层。在消防监测场景中，常用的网络传输技术包括有线网络和无线网络。

（1）有线网络

在新建建筑和对数据传输稳定性要求较高的场所，以太网等有线网络发挥着重要作用。它具有传输速率高、稳定性强的特点，能够满足大量消防数据的实时传输需求。例如，在大型商业综合体和高层建筑中，消防设备通过有线网络连接到消防控制室，确保数据传输的可靠性，为消防值班人员及时掌握消防设施状态提供保障。

（2）无线网络

对于一些布线困难或需要灵活部署的场所，无线网络成为首选。窄带物联网（NB-IoT）

技术因其低功耗、广覆盖、大连接的特性，在消防监测中得到广泛应用。智能烟感探测器、电气火灾监控传感器等设备可通过 NB-IoT 网络将数据上传至云端。以某城市的老旧小区为例，通过采用 NB-IoT 技术，无需大规模布线，快速实现消防设备的联网监测，大大提高了消防监测的覆盖范围。此外，远距离无线电（LoRa）技术也在一些特定场景中发挥作用，如工业园区、仓储物流园区等面积较大、对数据传输距离有较高要求的场所。LoRa 技术可实现数公里的信号传输，有效解决了这些场所中设备与网关之间的通信问题。

3．应用层：数据价值的展现

应用层是物联网消防监测系统的核心，负责对采集到的数据进行处理、分析和展示，为消防管理和决策提供支持。

（1）消防监控平台

通过构建统一的消防监控平台，实现对各类消防数据的集中管理和实时监控。平台以直观的可视化界面呈现消防设备的运行状态、火灾报警信息、消防设施维护记录等。在消防控制室，值班人员通过监控平台可以掌握整个建筑或区域的消防情况，及时发现并处理异常情况。例如，当某个区域发生火灾报警时，平台能够迅速定位报警位置，显示周边消防设施分布情况，并提供相应的应急预案。

（2）移动应用程序

为了便于消防管理人员随时随地掌握消防信息，开发了移动应用程序。消防管理人员可以通过手机或平板电脑等移动设备，实时查看消防设备状态、接收报警推送、进行日常巡检等操作。在日常消防检查中，检查人员使用移动应用程序扫描设备二维码，即可快速获取设备的详细信息，记录检查结果，并上传至云端。这种便捷的操作方式提高了消防管理的效率和灵活性。

（二）物联网技术在消防监测中的重要性

物联网技术的应用极大地提升了消防监测的实时性与准确性。

1．实时数据采集与传输

传统消防监测方式往往存在数据采集不及时、人工巡检周期长等问题。而物联网技术下的传感器能够实时采集数据，并通过网络层迅速传输至应用层。以智能烟感探测器为例，一旦检测到烟雾浓度异常，可在数秒内将报警信号传输至消防监控平台，相比传统烟感探测器通过人工巡检发现火灾隐患的方式，排查时间大大缩短。如此，在火灾初期及时发现火警火情并采取措施，有效遏制火势蔓延。

2．精准定位与故障诊断

物联网消防监测系统能够对报警位置进行精准定位。当发出火灾报警时，系统不仅能显示报警所在的建筑、楼层和房间号，还能通过地图定位，在电子地图上精确标注出具体位置。对于消防设施的故障，系统也能通过数据分析进行快速诊断。例如，消火栓水压异常时，系统可根据水压传感器数据变化曲线，判断水压异常原因（管网漏水、阀门故障还是消防泵故障），为维修人员提供准确的故障信息，缩短维修时间，提高消防设施的可用性。

（三）消防监测中大数据分析的流程与方法

1．数据收集与整合

消防领域产生的数据来源广泛，包括各类消防设备传感器采集的数据、火灾报警记录、消防设施维护保养记录、建筑消防设计图纸等。首先，要收集和整合这些数据。通过建立数据接口和数据传输协议，将不同来源的数据汇聚到大数据平台。例如，消防监控平台与城市地理信息系统（GIS）进行数据整合，将消防设备的位置信息与地理信息相结合，为消防应急指挥提供更直观的决策支持。同时，对历史火灾数据进行收集和整理，包括火灾发生时间、地点、原因、损失情况等，为后续的数据分析提供丰富的样本。

2．数据清洗与预处理

收集到的数据往往存在噪声、缺失值和异常值等问题，需要进行数据清洗与预处理。通过数据清洗算法，去除重复数据和错误数据。对于缺失值，采用插值法、多重填补法等方法进行填补。例如，在分析消火栓水压数据时，如果某一时间段内水压数据缺失，可根据相邻时间点的水压值进行线性插值，补充缺失数据。对于异常值，通过统计分析方法识别并进行修正或剔除。例如，在电气火灾监控数据中，如果某一时刻的电流值远超出正常范围且不符合设备运行规律，可判断为异常值，进而进一步检查数据采集设备是否故障或存在其他异常情况。

3．数据分析与挖掘

经过清洗和预处理的数据进入数据分析与挖掘阶段。常用的数据分析方法包括统计分析、机器学习算法等。

统计分析：对消防数据进行统计分析，了解消防设备的运行规律和火灾发生的概率分布。例如，统计不同季节、不同时间段火灾发生的频率，分析火灾发生与气象条件（如温度、湿度、风力等）之间的相关性。通过这些统计分析，可为制定消防预防策略提供一些依据。如在高温干燥季节，应加强对易燃区域的防火巡查和火灾预警。

机器学习算法：利用机器学习算法对消防数据进行分类、聚类和预测。在火灾风险评估中，可采用决策树、随机森林等分类算法，根据建筑类型、使用功能、消防设施配备情况等特征，将建筑分为不同的火灾风险等级。通过聚类算法，对火灾原因进行聚类分析，找出常见的火灾原因模式，为制定针对性防火措施提供参考。在预测方面，利用时间序列分析算法，如 ARIMA 模型，预测消防设备的故障率，提前安排维护保养计划，降低设备故障风险。

（四）用于消防风险评估与预测的大数据技术

1．构建火灾风险评估模型

大数据技术为构建精准的火灾风险评估模型提供了可能。通过收集大量的建筑相关数据，包括建筑结构、装修材料、消防设施配置、人员活动情况等，利用机器学习算法构建火灾风险评估模型。例如，采用逻辑回归算法，将建筑的消防设施完好率、人员密度、电气设备负载率等因素作为自变量，火灾发生概率作为因变量，建立火灾风险评估模型并对模型进行训练。经过大量数据训练后的模型能够根据输入的建筑特征数据，准确评估其火灾风险等级。在某城市的消防管理中，通过应用该火灾风险评估模型，对全市范围内的建筑进行风险评估，筛选出高风险建筑，重点加强消防监管和隐患排查整治，并取得了显著成效。

2．预测火灾发生概率与趋势

除了评估当前的火灾风险，大数据还能预测火灾发生的概率和趋势。通过分析历史火灾数据和实时监测数据，结合气象数据、社会经济数据等外部因素，利用深度学习算法构建火灾预测模型。例如，利用长短期记忆网络（LSTM）模型，对时间序列的火灾数据进行学习，同时考虑气温、湿度、节假日等因素对火灾发生的影响，预测未来一段时间内火灾发生的概率和可能的高发区域。某地区通过应用该预测模型，提前在预测的火灾高发区域加强消防宣传、增加消防巡查频次，并合理调配消防资源，可有效降低火灾发生率。

（五）物联网与大数据技术的数据安全与隐私保护问题

1．面临的风险

在物联网与大数据应用于消防监测过程中，数据安全与隐私保护面临诸多风险。首先，物联网设备与网络容易受到黑客攻击。黑客可能通过入侵消防传感器设备，篡改数据或发送虚假报警信息，干扰正常的消防监测工作。例如，黑客入侵智能烟感探测器，将正常的烟雾浓度数据篡改，导致火灾发生时无法及时报警。其次，在传输和存储大量消防数据的过程中，存在数据泄露风险。如果这些数据被不法分子获取，可能被用于非法目的，如分析建筑消防薄弱环节，策划盗窃或破坏活动。此外，有些消防数据可能涉及个人隐私，如居民住宅内的消防设备监测数据，一旦泄露，将对个人隐私造成侵犯。

2．应对策略

为应对数据安全与隐私保护挑战，采取以下策略。在设备层面，加强物联网设备的安全防护，采用加密芯片、数字证书等技术，对设备进行身份认证和数据加密传输。例如，智能烟感探测器在与网关通信时，采用 SSL/TLS 加密协议，确保数据传输过程中的安全性。在网络层面，构建防火墙、入侵检测系统等网络安全防护体系，实时监测网络流量，防范黑客攻击。在数据存储层面，采用安全可靠的云存储服务，并对数据进行分类分级管理，对敏感数据进行加密存储。同时，制定严格的数据访问权限控制制度，只有经过授权的人员才能访问特定的消防数据。在法律法规方面，加强相关立法，明确数据收集、使用、存储和共享的规范，对侵犯数据安全和隐私的行为进行惩处。

（六）物联网与大数据技术的技术标准与兼容性问题

1. 标准不统一的现状

目前，物联网与大数据在消防监测领域缺乏统一的技术标准。不同厂家的消防传感器设备、消防监控平台在数据接口、通信协议、数据格式等方面存在差异。例如，A 厂家生产的消火栓水压传感器的数据接口为 RS485，通信协议采用自定义协议；B 厂家生产的同类产品数据接口为 RJ45，通信协议遵循 Modbus 协议。这种标准尚不统一的现状导致不同厂家的设备和系统之间难以互联互通，给消防监测系统的集成和扩展带来困难。如某些大型项目中，由于前期规划不足，采用了多个厂家的消防设备，后期在构建统一的消防物联网监测平台时，需要花费大量的时间和成本进行系统集成和调试，甚至最终无法实现完全兼容。

2. 推动统一技术标准制定与兼容技术研发

为解决技术标准与兼容性问题，需要加强行业合作，推动统一技术标准的制定。相关政府部门、行业协会应发挥主导作用，组织消防设备制造商、系统集成商、科研机构等共同参与，制定涵盖物联网消防设备的数据接口、通信协议、数据格式、安全标准等方面的统一标准。例如，制定统一的数据接口规范，规定消防传感器设备应采用标准化的数据接口，并明确接口的电气特性和物理尺寸。在通信协议方面，采用通用的通信协议，如 MQTT 协议，作为物联网消防设备的主流通信协议。同时，鼓励企业加大对兼容技术的研发投入。研发能够实现不同协议转换和数据格式转换的中间产品，使不同厂家的设备和系统能够在统一的平台上实现数据交互和协同。这些措施可促进物联网与大数据技术在消防监测领域的健康发展，提高消防监测系统的整体性能和兼容性。

物联网与大数据技术在消防监测中的应用，为消防安全管理带来了前所未有的机遇。通过构建实时感知网络，实现消防数据的实时采集与传输，提升了消防监测的及时性和准确性；借助大数据分析，深入挖掘消防数据价值，为消防风险评估、预测和科学决策提供了有力支持。从城市级消防物联网监测平台到企业园区消防智能化管理案例，都充分展示了这两项技术在提升消防安全水平方面的显著成效。

然而，物联网与大数据技术在应用过程中也面临着数据安全与隐私保护、技术标准与兼容性等挑战。通过加强数据安全防护、推动标准制定和兼容技术研发等应对策略，有望逐步克服这些困难。展望未来，随着物联网、大数据技术的不断发展和完善，以及与 AI、区块链等新兴技术的深度融合，消防监测将进一步朝着智能化、精准化、高效化的方向发展。例如，AI 技术将进一步提升火灾风险评估和预测的准确性，区块链技术将为消防数据的安全存储和可信共享提供更可靠的保障。物联网与大数据技术必将在消防领域发挥更大的作用，为保障人民生命财产安全和社会稳定做出重要贡献。

二、物联网、消防智能化案例

（一）城市级消防物联网监测平台案例

1．平台架构与功能

某一线城市构建了城市级消防物联网监测平台，实现对全市范围内各类建筑和消防设施的全面监测。平台采用分层分布式架构，感知层部署了数百万个传感器，覆盖了高层建筑、商业综合体、住宅小区、学校、医院等重点场所。网络层利用有线网络和无线网络，确保数据稳定传输。应用层整合了火灾报警、消防设施监控、消防水源监测、电气火灾监控等多个子系统，具备实时监控、报警联动、数据分析、应急指挥等多种功能。在实时监控方面，平台以 GIS 地图为基础，直观展示各类消防设备的分布和运行状态，点击设备图标即可查看详细信息。报警联动功能实现了火灾报警时自动启动相关消防设施，如开启防排烟系统、消防泵等，并将报警信息迅速推送至消防部门和相关单位负责人。

2．应用效果与成果

自该平台投入使用以来，取得了显著的效果。在火灾预防方面，通过实时监测和数据分析，及时发现并整改大量消防隐患。例如，通过对消火栓水压数据的实时监测，发现部分老旧小区消火栓管网存在漏水问题，及时维修后，确保了消火栓系统的正常运行。在火灾响应方面，火灾报警和处置时间大大缩短了。发生火灾时，平台能够快速定位报警位置，提供周边消防资源信息，为消防部门制定灭火救援方案。据统计，平台应用后，该城市火灾报警时间平均缩短了 30%，火灾扑救成功率提高了 20%，有效保障了城市的消防安全。

（二）企业园区消防智能化管理案例

1．系统部署与实施

某大型企业园区为提升消防安全管理水平，部署了一套基于物联网与大数据的消防智能化管理系统。在系统部署过程中，根据园区内不同建筑和场所的特点，有针对性地安装了各类传感器。在生产车间，重点安装了可燃气体探测器和电气火灾监控传感器，实时监测生产过程中易燃易爆气体泄漏和电气设备运行情况。在仓库，安装了智能烟感探测器和温湿度传感器，对仓库内的火灾隐患和存储环境进行有效监测。同时，将园区内消防设施，如消火栓、灭火器、自动喷水灭火系统等全部接入物联网系统，实现远程监控和管理。在实施过程中，对园区内的消防管理人员进行了系统操作培训，确保其能够熟练使用系统进行日常管理和应急处置。

2．管理优化与效益提升

该系统的应用使企业园区的消防管理得到了全面优化。通过大数据分析，企业能够对园区内的消防风险进行精准评估，制定个性化的消防管理策略。例如，分析历史火灾数据和设备运行数据，发现某一生产车间在特定时间段内火灾风险较高，企业针对性地加强了该区域的消防巡查和设备维护，同时对员工进行了专项消防安全培训。在效益提升方面，系统的应用降低了企业的消防管理成本。通过实时监测消防设施状态，实现了按需维护，有效避免过度维护和维护不足的情况，延长了消防设施的使用寿命。同时，由于火灾风险得到有效控制，企业因火灾造成的潜在经济损失大幅减少，保障了企业的正常生产经营活动。

第三节　新型灭火剂与绿色消防技术探索

随着社会的发展和科技的进步，人们对消防安全的要求越来越高，同时，环保意识的增强也促使消防领域不断探索更加绿色、高效的灭火技术和灭火剂。传统灭火剂在灭火效果、环境影响以及保护财产设施等方面存在一定局限性。新型灭火剂与绿色消防技术应运而生，它们旨在有效扑灭火灾的同时，降低对环境和人体的危害，减少对保护设施及物品的损坏，为现代消防安全提供更优质的解决方案。

一、消防灭火剂创新突破与实战应用

（一）气体灭火剂的创新发展

1．七氟丙烷的改进与替代研究

七氟丙烷作为一种常用的气体灭火剂，具有灭火效率高、清洁无残留等优点，广泛应用于数据中心、配电室、图书馆等对保护对象要求较高的场所。然而，七氟丙烷的全球变暖潜能值（GWP）相对较高，根据《蒙特利尔议定书》基加利修正案，其使用量将逐步削减。因此，研发七氟丙烷的改进型产品或寻找其替代物成为新的研究热点。

一些研究通过添加增效剂来提高七氟丙烷的灭火效能，在一定程度上可减少其使用量，降低对环境的总体影响。例如，将纳米颗粒作为增效剂添加到七氟丙烷中，实验表明，添加特定纳米颗粒后，七氟丙烷在较低浓度下就能达到与原来相同的灭火效果，有效减少七氟丙烷的释放量。同时，科研人员也在积极寻找新型气体灭火剂来替代七氟丙烷。全氟己酮就是一种极具潜力的替代品，它具有灭火浓度低、灭火速度快、GWP 值极低（几乎为零）等优点，对环境友好，且对人体无毒害，在有人场所使用安全性高。目前，全氟己酮已开始在一些高端数据中心和精密仪器设备场所应用，随着生产成本的降低，有望更大程度替代七氟丙烷。

2．新型惰性气体灭火剂的开发

惰性气体灭火剂因其不燃、不助燃且对环境和保护对象无损害的特性，一直是研究的重点方向。除了传统的 IG-541（氮气、氩气、二氧化碳混合气体）外，新型惰性气体灭火剂不断涌现。例如，一种由氦气、氖气和少量二氧化碳混合而成的新型惰性气体灭火剂已研发成功。氦气和氖气具有良好的化学稳定性和低导热性，能够有效降低燃烧区域的温度，抑制燃烧反应。通过精确控制各气体成分的比例，该新型灭火剂在灭火效果上与 IG-541 相当，但其充装压力更低，在储存和运输过程中的安全性更高，同时对设备的腐蚀性更小，可延长消防设备的使用寿命。此外，还有研究将一些稀有气体与常见惰性气体混合，开发具有特殊性能的惰性气体灭火剂，以满足不同火灾场景的需求。

（二）水基灭火剂的创新突破

1．纳米水基灭火剂的性能提升

水基灭火剂是应用广泛的灭火剂之一，传统水基灭火剂在灭火过程中存在冷却速度不够快、对一些特殊火灾（如油类火灾）灭火效果有限等问题。纳米技术的引入为水基灭火剂带来了性能的飞跃。纳米水基灭火剂通过将水与纳米级的添加剂混合，显著改变水的物理化学性质。例如，添加纳米二氧化钛颗粒的水基灭火剂，由于纳米二氧化钛具有高比表面积和光催化活性，能够加速燃烧产物的分解，同时增强水的吸热和散热能力，使灭火效率大幅提高。在扑灭油类火灾时，纳米水基灭火剂能够在油表面迅速形成一层稳定的水膜，隔绝氧气，阻止油品的蒸发和燃烧，相比传统水基灭火剂，灭火时间可缩短 30%~50%。而且，纳米水基灭火剂对环境无污染，对人体无害，可生物降解，符合绿色消防的要求。

2．多功能水基灭火剂的研发

为了满足复杂火灾场景的灭火需求，多功能水基灭火剂的研发成为趋势。这类灭火剂不仅具有传统水基灭火剂的冷却和窒息作用，还具备其他特殊功能。例如，有一种含表面活性剂和抗复燃添加剂的多功能水基灭火剂，添加的表面活性剂能够降低水的表面张力，使水更容易渗透到燃烧物内部，提高灭火效果。抗复燃添加剂则在灭火后能在燃烧物表面形成一层保护膜，防止火灾复燃。在木材火灾实验中，使用该多功能水基灭火剂灭火后，复燃率从传统水基灭火剂的 30%降低至 5%以下。此外，还有针对电气火灾开发的水基灭火剂，通过添加特殊的绝缘成分，其在扑灭电气火灾时既能有效灭火，又能保证人员和设备的安全，避免触电事故发生。

（三）干粉灭火剂的革新

1．超细干粉灭火剂的优势与应用

传统干粉灭火剂在灭火过程中存在颗粒较大、灭火效率有限、对精密设备有一定损害等问题。超细干粉灭火剂的出现有效解决了这些问题。超细干粉灭火剂的颗粒粒径一般在 10 μm 以下，比表面积大，活性高。在灭火时，超细干粉能够更迅速地与燃烧自由基发生反应，中断燃烧链式反应，从而实现快速灭火。与传统干粉灭火剂相比，超细干粉灭火剂的灭火效能提高了 2~3 倍，在扑灭可燃气体火灾时，灭火时间可缩短至原来的 1/3。同时，由于颗粒细小，超细干粉灭火剂对精密仪器设备的损害较小，适用于电子设备机房、实验室等场所。在某大型数据中心的消防系统改造中，采用超细干粉灭火剂替代传统干粉灭火剂，不仅提高了灭火安全性，还减少了因灭火剂残留对设备造成的潜在损害，保障了数据中心的稳定运行。

2．复合型干粉灭火剂的发展

为了进一步提升干粉灭火剂的性能，复合型干粉灭火剂得到了大力发展。复合型干粉灭火剂将多种具有不同灭火机理的成分复合在一起，协同发挥灭火作用。例如，磷酸铵盐干粉主要通过化学抑制作用灭火，惰性气体干粉则通过降低燃烧区域氧气浓度来灭火，将两者复合后，在灭火过程中既能迅速中断燃烧链式反应，又能有效降低氧气含量，灭火效果显著增强。在化工企业的火灾模拟实验中，使用该复合型干粉灭火剂扑灭大型油罐火灾时，所需灭火剂剂量比单一成分的干粉灭火剂减少了 40%，灭火时间缩短了 25%，且复燃风险大幅降低。此外，复合型干粉灭火剂还可以根据不同火灾类型和场所需求，灵活调整各成分的比例，实现个性化的灭火解决方案。

二、绿色消防技术体系构建与实践

（一）灭火系统的绿色化设计

1．智能高效灭火系统的构建

智能高效灭火系统是绿色消防技术的重要体现。通过引入物联网、AI 等先进技术，灭火系统能够实现对火灾的快速探测、精准定位和高效扑救，从而减少灭火剂的使用量，降低对环境的不利影响。例如，智能火灾探测系统采用多传感器融合技术，结合烟雾、温度、气体浓度等多种参数进行火灾判断，相比传统单一传感器探测，准确率提高了 20~30%，能够在火灾初期及时发现并报警。同时，智能灭火系统根据火灾类型、规模和位置，自动选择最佳灭火策略和灭火剂喷射量。在某大型商业综合体中，智能喷水灭火系统与建筑内的火灾报警系统联动，当检测到火灾发生时，系统能够根据火灾所在区域的可燃物类型和分布情况，自动调整喷头的喷水强度和覆盖范围，在有效扑灭火灾的前提下，用水量比传统喷水灭火系统减少了 30%左右，既提高了灭火效率，又节约了水资源，符合绿色消防的要求。

2．可循环利用灭火系统的研究

传统灭火系统在灭火剂使用后，往往难以回收和再利用，造成资源浪费和环境污染。可循环利用灭火系统的研究旨在解决这一问题。例如，有一种针对气体灭火系统的可循环设计，在灭火过程中，灭火剂释放后，通过特殊的回收装置将未反应的灭火剂和燃烧产物进行分离，对灭火剂进行净化和提纯处理后，重新储存到灭火系统中，实现灭火剂的循环使用。某数据中心的气体灭火系统试点中，采用这种可循环利用的设计，运行一年后，灭火剂的补充量相比传统气体灭火系统减少了 70%，大大降低了运行成本和对环境的不利影响。此外，对于水基灭火系统，也有研究拟开发高效的水处理技术，对灭火后的污水进行净化处理，达到可再次使用的标准，实现水资源的循环利用，减少污水排放。

（二）绿色消防设备的制造与维护

1．环保材料在消防设备中的应用

消防设备的制造材料对环保性能有决定性影响。采用环保材料制造消防设备，能够减少生产过程中的能源消耗和污染物排放，同时提高设备的使用寿命和安全性。例如，在消防水带的制造中，传统的橡胶水带生产过程能耗高，且废弃后难以降解。目前，一些企业采用新型的可降解高分子材料制造消防水带，其水带耐压、耐磨等性能满足要求的同时，在自然环境中可以降解，减少了对环境的长期污染。碳纤维复合材料具有强度高、重量轻的特点，应用于消防头盔制造，不仅提高了头盔的防护性能，还降低了生产过程中的能源消耗，且在产品报废后，碳纤维材料可回收再利用。此外，在消防车辆的制造中，采用铝合金等轻质高强度材料，可降低车辆自重，提高燃油效率，减少尾气排放。

2．绿色维护技术与可持续发展

消防设备的维护过程也需要注重绿色环保。采用绿色维护技术，能够减少维护过程中的资源浪费和环境污染。例如，在清洗消防设备时，传统化学清洗方法要使用大量的化学清洗剂，清洗剂排放后会对土壤和水体造成污染。目前，一些企业采用高压水射流清洗技术替代化学清洗，高压水射流能够有效去除设备表面的污垢和杂质，且不会产生化学污染。同时，在维修消防设备时，推广模块化维修技术，即当设备某个部件出现故障时，只更换相应的部件模块而非整个设备，从而减少设备的报废率，提高资源利用率。此外，建立消防设备的全生命周期管理系统，通过检测和分析设备运行数据，提前预测设备故障，合理安排维护计划，避免过度维护和维护不足，实现消防设备的可持续使用。

（三）建筑设计中的绿色消防理念

1．被动防火设计策略

被动防火设计是绿色消防理念在建筑设计中的重要体现。通过合理的建筑布局、结构设计和材料选择，提高建筑自身的防火性能，减少火灾发生的可能性和降低其蔓延速度，从而降低对主动消防设施和大量灭火剂的依赖。例如，在建筑布局上，合理划分防火分区，设置防火间距。对于高层建筑，不同功能区域之间采用防火墙进行分隔，防火墙的耐火极限根据建筑的耐火等级和使用功能严格设计，确保火灾发生时不会立即蔓延到其他区域。在建筑结构设计中，采用防火性能良好的建筑结构材料，如钢筋混凝土，并对结构构件进行防火保护处理，提高结构在火灾中的稳定性。在某大型商业建筑设计中，通过优化建筑布局，人员密集的商业区域与火灾风险较高的区域有效分隔，同时加强建筑结构的防火保护，大大降低了火灾发生后的蔓延扩散，减少了火灾扑救过程中灭火剂的使用。

2．自然排烟与通风系统设计

自然排烟与通风系统是绿色消防技术在建筑设计中的又一重要应用。利用自然风力和热压作用，实现建筑内的排烟和通风，减少对机械排烟和通风设备的依赖，降低能源消耗和火灾扑救难度。在高层建筑设计中，合理设置可开启外窗、通风竖井等自然排烟和通风设施。例如，在高层建筑的楼梯间和前室设置可开启外窗，在火灾发生时，开启外窗后，利用热压作用将烟气排出室外，为人员疏散和火灾扑救创造有利条件。在大型工业厂房设计中，采用通风竖井结合屋顶通风器，实现厂房内的自然通风，及时排出可燃气体和粉尘，降低火灾发生的风险。同时，自然排烟与通风系统的设计与建筑的整体节能设计有机结合，在满足消防要求的前提下，提高了建筑的能源利用效率，实现绿色消防与建筑可持续发展的有机统一。

（四）数据中心的绿色消防实践

1．全氟己酮灭火系统的应用效果

某大型数据中心以全氟己酮灭火系统作为主要的消防手段。全氟己酮具有良好的灭火性能和环境友好性，非常适合数据中心这种对保护对象要求极高的场所。数据中心在日常运行中，全氟己酮灭火系统保持了高度的可靠性。在模拟火灾发生时，系统能够在极短的时间内响应，通过精确的喷头布置，全氟己酮可迅速均匀地覆盖火灾区域，在较低的浓度下即可有效扑灭火灾。经实际测试，全氟己酮灭火系统的灭火时间比传统七氟丙烷灭火系统缩短了约20%，且灭火后无残留，对数据中心的电子设备无任何损害。同时，由于全氟己酮的GWP值极低，相比七氟丙烷，大大减少了温室气体排放，符合数据中心绿色环保的运营理念。此外，该数据中心还结合智能火灾探测系统，实现了对火灾的早期预警和精准定位，进一步提高了全氟己酮灭火系统的灭火效率和可靠性。

2．智能灭火与节能措施的协同

除了采用新型灭火剂，该数据中心还构建了智能灭火与节能措施协同的绿色消防体系。智能火灾探测系统通过物联网技术与灭火系统联动，当探测到火灾发生时，系统根据火灾的位置和规模，自动调整全氟己酮的喷射量和喷射时间，避免灭火剂的浪费。同时，数据中心在建筑设计中充分考虑了自然通风和排烟，在火灾发生时，自然排烟系统能够迅速排出部分烟气，降低室内温度和烟气浓度，为人员疏散和灭火救援创造有利条件，减少了机械排烟设备的能源消耗。此外，数据中心的消防设备采用环保材料制造，在设备维护过程中，采用绿色维护技术，如定期对灭火系统进行模块化检测和维护，采用无污染的清洗技术清洗设备表面，实现了消防设备的可持续运行，降低了对环境的总体影响。

（五）绿色建筑的消防设计与实施

1．被动防火与自然排烟设计成效

某绿色建筑在设计和实施过程中，充分融入绿色消防理念。在被动防火设计方面，建筑采用了高性能的防火材料和合理的防火分区设计。外墙采用防火保温一体化板材，这种板材不仅具有良好的保温隔热性能，满足绿色建筑的节能要求，其防火性能也达到A级标准，有效阻止了火灾的外部蔓延。建筑内部根据功能区域划分防火分区，每个防火分区之间采用防火墙和甲级防火门分隔，确保发生火灾时火势不会迅速扩散。在自然排烟设计方面，建筑通过合理设置可开启外窗和通风竖井，实现良好的自然排烟效果。在火灾模拟实验中，发生火灾时，自然排烟系统能够在 5 min 内将室内烟气排出 50%以上，为人员疏散和消防救援争取了宝贵时间，同时减少了机械排烟设备的使用时间和能源消耗，降低了火灾扑救成本。

2．环保型消防设备的使用与维护

该绿色建筑配备了环保型消防设备，并注重设备的使用与维护。消防水带采用可降解材料制造，在保证消防供水功能的同时，减少了废弃水带对环境的污染。消防灭火器采用水基型灭火器，其灭火剂对环境无污染，且在灭火后可自然降解。在设备维护方面，建筑管理部门建立了完善的消防设备全生命周期管理系统，定期对设备进行检测和维护，及时发现并解决设备故障隐患。同时，采用绿色维护技术，如对消防设备进行清洗时，使用环保型清洗剂，避免了化学污染。在设备维修中，优先采用模块化维修方式，提高了设备的维修效率和资源利用率，实现了绿色建筑消防系统的可持续运行，为建筑的安全和环保目标提供了有力保障。

三、新型灭火剂与绿色消防技术的相关问题

（一）研发与成本控制问题

1．研发技术瓶颈

新型灭火剂与绿色消防技术在研发过程中面临诸多技术瓶颈。例如，在新型气体灭火剂的研发中，如何进一步降低灭火剂的成本、提高其稳定性和储存寿命是亟待解决的问题。全氟己酮灭火剂虽然性能优异，但生产成本较高，限制了其大规模应用。在研发过程中，需要优化合成工艺，寻找更经济、高效的合成路线，以降低生产成本。同时，对于一些新型惰性气体灭火剂，如何精确控制气体配比，确保在不同环境条件下都能保持稳定的灭火性能，也是研发的难点之一。

在绿色消防材料的研发方面，如何平衡材料的阻燃性能和可降解性能是一个关键问题。一些可降解防火阻燃材料在可降解性能方面表现良好，但阻燃效果可能不如传统材料。科研人员需要通过改进材料配方和制备工艺，以提高材料的综合性能。此外，在智能化消防系统的研发中，如何提高系统的可靠性和兼容性，确保不同厂家的设备和系统能够对接和兼容，也是需要攻克的技术难题。

2．成本控制策略

为控制成本，可采取一系列策略。在生产新型灭火剂时，通过规模化生产降低单位成本。随着市场需求的增加，扩大生产规模，提高生产效率，从而降低生产成本。例如，对于全氟己酮灭火剂，随着生产规模的扩大，其生产成本有望降低 30~50%。同时，应加强与原材料供应商的合作，优化供应链管理，降低原材料采购成本。在绿色消防材料的研发中，寻找价格低廉、来源广泛的原材料替代昂贵的材料。例如，在可降解消防封堵材料中，使用淀粉等

天然高分子材料部分替代生物可降解聚合物，在保证材料性能的前提下，可降低成本。

在智能化消防系统的应用推广中，通过标准化建设降低系统集成成本。制定统一的技术标准和接口规范，促进不同厂家设备和系统的兼容性，减少系统集成过程中的调试和改造费用。此外，政府可以通过政策支持，如税收优惠、财政补贴等方式，鼓励企业加大对新型灭火剂与绿色消防技术的研发和应用投入，降低企业的研发和生产成本，推动技术的普及和发展。

（二）新型灭火剂与绿色消防技术的推广及法规滞后问题

1．推广应用障碍

新型灭火剂与绿色消防技术在推广应用过程中面临诸多障碍。一方面，由于新技术和新灭火剂的认知度相对较低，消防从业人员和社会公众对其性能和安全性存在疑虑，导致推广难度较大。例如，一些消防管理人员对纳米水基灭火剂等新型水系灭火剂的灭火效果和适用范围缺乏了解，在实际应用中更倾向于选择传统灭火剂。另一方面，部分新型灭火剂和绿色消防技术的初期投资成本较高，对于资金有限的企业和单位来说，难以承担。例如，智能消防系统的建设需要投入大量资金用于设备采购、安装调试和系统维护，这使得一些小型企业望而却步。

此外，新型灭火剂与绿色消防技术的推广还受到传统观念和实践经验的影响。长期以来，消防行业对传统灭火剂和消防技术的依赖性大，改变这种观念和习惯需要时间和大量的宣传推广工作。例如，一些建筑业主和物业管理人员认为传统的防火阻燃材料已经能够满足需求，对新型绿色环保型防火阻燃材料的优势认识不足，不愿意更换和使用新的材料。

2．法规标准完善措施

为解决推广应用与法规标准滞后问题，首先需要完善相关法规标准。政府部门和行业协会应加快制定和修订与新型灭火剂和绿色消防技术相关的法规标准。在新型灭火剂方面，明确其性能指标、适用范围、使用方法和安全要求等标准，为其推广应用提供依据。例如，制定全氟己酮灭火剂的国家标准，规范其生产、储存、运输和使用过程中的各项技术要求，以消除消防从业人员和社会公众的疑虑。在绿色消防材料方面，建立绿色环保认证标准，对符合标准的防火阻燃材料、消防封堵材料等进行认证，提高市场认可度。

同时，加强对法规标准的宣传和培训工作。组织消防从业人员、建筑业主、物业管理人员等进行法规标准的培训，使其了解新型灭火剂和绿色消防技术的相关要求和优势。通过举办技术研讨会、产品推介会等活动，提高社会各界对新型灭火剂与绿色消防技术的认知度和接受度。此外，政府可以通过制定激励政策，如对采用新型灭火剂和绿色消防技术的建筑项目给予一定的政策优惠，鼓励企业和单位积极应用新技术、新产品，推动新型灭火剂与绿色消防技术的广泛应用。

新型灭火剂与绿色消防技术的探索和发展，为消防安全领域带来了新的活力和机遇。从全氟己酮等新型气体灭火剂，到纳米水基灭火剂、水系凝胶灭火剂等水系灭火剂的革新，再到超细干粉灭火剂、复合型干粉灭火剂等干粉灭火剂的改进，以及绿色消防材料的研发和智能化消防系统中绿色理念的融入，这些技术和产品在提高灭火效能、降低环境影响方面展现出显著优势。

第四章　防火监督机制的发展与优化

第一节　防火检查流程的标准化与效能提升

防火监督机制的发展与优化，本质上是社会风险治理能力迭代升级的缩影，其演进逻辑始终围绕“技术赋能监管效能、制度重构权责关系、社会激活共治潜能”三条主线展开，形成从单一行政监管到多元协同治理的现代化转型。

在消防安全管理体系里，防火检查是极为关键的一环，是降低火灾风险、预防火灾发生的前置防线。当下，各类建筑如雨后春笋般涌现，功能愈发复杂多样，从高耸入云的摩天大楼，到布局繁杂的大型商业综合体，再到存储大量危化品的工业仓库，稍有不慎，火灾隐患便会悄然滋生。传统防火检查模式因缺乏系统性与规范性，难以契合现代消防安全需求。实现防火检查流程的标准化，提升检查效能，刻不容缓，这直接关系到能否精准识别、有效消除火灾隐患，保障人民生命财产安全，维护社会稳定。

一、消防检查标准化建设与精准防控

（一）防火检查应全面覆盖，无遗漏无死角

大型商业综合体集购物、餐饮、娱乐等多功能于一体，内部结构错综复杂，电气线路像蛛网般密集，人员往来如织，存在各式各样的可燃易燃物。以往，由于检查流程缺乏标准，不同检查人员的关注点与经验存在差异，极易出现检查漏洞。例如，在检查餐饮区时，部分人员仅留意厨房明火使用，却忽视了排油烟管道内常年累积、堪比“定时炸弹”的厚重油污；在商场营业区，只查看疏散通道是否畅通，却未对过载、短路风险高的电气设备及保护装置做深入检测。

制定标准化流程后，明确规定检查区域、项目及顺序，检查人员便能有序开展工作。进入商业综合体前，先熟悉整体布局，划分功能区域。检查餐饮区时，依流程逐一核查燃气管道是否泄漏、炉灶运行是否正常、排油烟管道清洗记录是否完备、灭火设备配备是否达标。在商场营业区，除确保疏散通道畅通外，还要按标准检查电气设备插头、插座、线路连接点，

查看有无发热、老化、破损，检查电气线路穿管保护及过载保护装置是否可靠。如此一来，无论谁执行检查，都能依据统一标准，全方位排查综合体各个角落与各类隐患，极大降低火灾发生概率。

（二）提升防火检查精准度，避免主观误判

传统防火检查中，因无统一标准，检查人员对隐患的判断易受主观因素干扰，存在较大不确定性。以消防设施检查为例，不同人员对灭火器压力正常范围、消火栓阀门密封性能的判断标准不一；判断疏散指示标志亮度时，也会因个人感知不同得出不同结论。这导致部分火灾隐患被误判为正常，正常情况却被误判为隐患，既浪费人力物力，又无法切实保障消防安全。

标准化防火检查流程明确了各项检查项目的技术指标与判定标准，为检查人员提供客观依据。消防设施检查方面，规定灭火器压力指针应在绿色区域（1.2~1.5 MPa），压力不足时需维修或更换；消火栓阀门在额定工作压力下应无泄漏，通过专业压力测试设备检测；疏散指示标志在黑暗环境下，地面最低水平照度不低于 1.0 lx，使用照度计精准测量。检查时，检查人员依标准流程操作检测工具，即可得出准确结论。同时，规范检查方法，如电气线路检查，要求用绝缘电阻测试仪检测，每千伏工作电压绝缘电阻值不低于 1 MΩ，避免因方法不当造成误判，确保精准识别每一处火灾隐患，为后续整改提供可靠依据。

（三）增强消防安全管理规范性

大型企业园区有多个生产车间、仓库、办公楼等建筑，若各区域防火检查无统一标准，管理将陷入无序状态。不同区域检查周期、内容、记录方式各异，无法全面、精准评估园区消防安全状况，难以制定针对性管理策略。

建立标准化防火检查流程后，园区内所有区域遵循相同标准与流程。明确生产车间每周全面检查一次，仓库每半月检查一次，办公楼每月检查一次。检查内容上，无论是生产车间设备运行安全、易燃易爆物品存储，仓库货物堆放防火间距、消防设施完好情况，还是办公楼电气设备使用、疏散通道畅通状况，均有详细规定。同时，规范检查记录格式与内容，要求检查人员详实记录检查时间、区域、问题及处理情况等信息。标准化流程将园区分散的防火检查工作有机整合，如此消防安全管理可以更规范、科学地实施。上级管理部门查阅统一格式检查记录，即可迅速掌握园区消防安全全貌，精准定位问题与薄弱环节，进而制定合理管理措施，提升整体管理水平。

二、消防检查全流程规范实施

（一）防火检查前准备工作

1．精心制定详细检查计划

开展防火检查前，制定科学、详尽的检查计划是关键。依据被检查场所类型、规模、使用功能及过往火灾风险状况制定检查计划。以高层写字楼为例，其内部办公区域集中，人员密集，电气设备繁多，可能设有数据中心等对消防安全要求极高的场所。制定计划时，先确定检查时间，考虑到正常办公时间人员活动频繁，为降低对办公秩序的影响，检查安排在周末或下班后进行。

检查内容上，结合写字楼特点，重点检查电气系统，包括配电箱、开关插座、电气线路有无过载、短路、老化问题；消防设施配备与运行情况，如消火栓系统能否正常供水、灭火器是否在有效期内、自动喷水灭火系统喷头是否完好；疏散通道与安全出口是否畅通，疏散指示标志与应急照明是否正常；排查写字楼内有无违规使用大功率电器、私拉乱接电线现象。合理分配检查人员任务，依据专业技能与经验，分为电气检查组、消防设施检查组、疏散通道检查组等，确保各小组各司其职，提升检查效率与质量。

2．强化检查人员培训，备齐专业装备

检查装备是否齐全，检查人员专业素养是否过硬，直接关乎防火检查成效。每次检查前，都要对检查人员开展针对性培训。培训内容涵盖最新消防安全法规、防火检查标准规范，以及被检查场所特有的火灾风险与应对方法。比如，检查锂电池生产企业前，组织检查人员学习锂电池热失控原理、引发因素及防火防爆措施，详细讲解如何识别生产设备安全隐患，如电极涂布车间有机溶剂泄漏风险、电池组装车间电气火花风险等。

装备准备方面，为检查人员配齐先进检查工具与防护装备。电气检查配备高精度绝缘电阻测试仪、红外测温仪，用于检测电气线路绝缘性能与设备温度，及时发现潜在电气故障。消防设施检查准备消火栓测压仪、灭火器压力指示器校验仪等专业工具，用于精准检测设施性能。同时，配备安全帽、防护手套、防毒面具等必要防护装备，保障检查人员在有毒有害气体环境或其他危险场所的人身安全。

（二）规范现场检查执行流程

1．严格落实建筑结构与消防设施检查

（1）建筑结构防火检查

建筑结构防火检查，要严格遵循标准化流程。

首先核查建筑耐火等级是否符合设计要求，查看主体结构材料，如框架结构的梁、柱、楼板的建材是否符合耐火极限标准。以某多层商业建筑为例，按设计图纸与规范，其耐火等级为二级，梁耐火极限不低于 1.5 h，柱不低于 2.5 h。检查人员查阅竣工资料确认材料选用合规后，使用回弹仪等设备现场检测混凝土强度，确认结构耐火性能。

接着检查防火分区划分是否合理，防火分隔设施是否完好有效。该商业建筑每层按规定划分多个防火分区，分区间用防火墙、防火卷帘分隔。检查人员仔细查看防火墙是否砌至梁、板底部，有无裂缝、孔洞；测试防火卷帘手动、自动控制功能，检查下降速度是否达标、耐火极限是否满足要求。对于防火分区内门窗，检查是否为防火门窗，其关闭密封性与耐火完整性是否良好。通过全面、细致检查建筑结构防火，确保火灾发生时，建筑能有效阻挡火势蔓延，为人员疏散与灭火救援争取时间。

（2）消防设施检查

消防设施是建筑消防安全的核心保障，检查流程务必严格标准化。检查消火栓系统时，检查人员先查看消火栓箱内设备是否齐全，是否含消火栓、水枪、水带等。用消火栓测压仪检测静压与动压，依规范，多层建筑消火栓静压不低于 0.07 MPa，动压不低于 0.15 MPa，检测时对不同楼层消火栓逐一测试，确保系统压力达标。同时检查消火栓阀门开启灵活性与密封性能，查看有无漏水。

检查自动喷水灭火系统时，查看喷头是否完好，有无被遮挡、损坏。用专用工具测量喷头溅水盘与顶板距离，一般直立型、下垂型喷头该距离应为 75~150 mm。检查报警阀组外观是否完好，各阀门开启状态是否正确，测试报警阀手动、自动启动功能，观察水力警铃能否在规定时间发出警报声，压力开关能否正常动作并向消防控制室反馈信号。此外，检查消防水池、水箱水位是否正常，消防水泵运行状态与性能是否良好，确保系统在火灾时迅速、有效发挥作用。

检查火灾自动报警系统时，检查人员用专用检测设备对探测器、手动报警按钮进行功能测试。模拟火灾场景，如用加烟器对烟感探测器加烟，观察其能否在规定时间发出报警信号，且信号准确传输至消防控制室。检查火灾报警控制器运行状态，查看显示屏有无故障报警信息，联动控制功能是否正常，能否按预设程序启动防排烟风机、防火卷帘等消防设备。同时检查系统备用电源是否可靠，切换是否正常，确保主电源断电时，系统仍能正常工作一段时间，为火灾扑救与人员疏散提供支持。

2. 细致开展电气系统与易燃易爆物品检查

（1）电气系统检查

电气系统是火灾高发区域，检查流程标准化尤为重要。检查配电箱（柜）时，检查人员打开箱（柜）门，查看内部电气元件安装是否牢固，有无松动、损坏。用绝缘电阻测试仪检测线路绝缘电阻，380 V 及以下低压电气线路，绝缘电阻值不低于 0.5 MΩ。检查配电箱（柜）内开关、接触器有无发热、打火迹象，用红外测温仪测量温度，一般不应超过 70 ℃。同时检查配电箱（柜）接地是否良好，接地电阻值一般不大于 4 Ω。

检查电气线路时，沿线路走向查看是否穿管保护，明敷线路用金属管或难燃塑料管，暗敷线路管内导线总截面积不超管截面积 40%。检查线路连接点是否牢固，有无虚接、短路，用万用表检测通断。特别留意线路是否过载，通过查看电气设备功率与线路承载能力判断。对于老旧建筑，检查线路有无老化、破损，如电线外皮老化、龟裂、绝缘层脱落等，发现问题及时记录并要求整改，防范电气线路故障引发火灾。

检查电气设备时，查看是否按操作规程使用，有无违规使用大功率电器。办公场所常出现员工私自使用热得快、电暖器等大功率电器，易致线路过载。检查人员加强对办公区、宿舍等场所检查，发现违规电器及时没收，并对相关人员进行消防安全教育。同时检查设备散热情况，确保周围无易燃物堆积，通风良好，防止设备因散热不良过热引发火灾。

（2）易燃易爆物品检查

检查易燃易爆物品，先检查存储场所。查看仓库选址是否符合安全要求，是否远离人员密集区与重要设施。仓库建筑结构应采用防火防爆设计，如墙体为防火墙，屋顶为轻质泄压屋盖。检查仓库通风设施是否良好，有无安装可燃气体报警装置，以及装置灵敏度、可靠性是否达标。在某化工企业易燃易爆物品仓库检查中，发现通风设备部分损坏，通风不畅，可燃气体报警装置误报，检查人员当即要求企业停用仓库并限期整改，避免因通风不良致易燃易爆气体积聚引发爆炸。

接着检查物品存储情况。查看物品是否按性质分类存储，不同类别物品安全间距是否足够。如存储甲类易燃液体和乙类易燃液体，间距一般不小于 10 m。检查物品包装是否完好，有无泄漏，盛装液体容器阀门是否关闭严密，有无滴漏。同时查看企业是否建立易燃易爆物品出入库登记制度，记录是否完整，包括物品名称、数量、入库时间、出库时间、领取人等信息。通过全面检查存储与管理情况，及时消除火灾隐患，保障易燃易爆物品存储与使用安全。

（三）检查后的处理流程

1．精准记录隐患并科学评估

现场防火检查结束后，准确记录与科学评估火灾隐患，是后续整改的重要基础。检查人员按标准化记录格式，详细记录隐患详情。对每处隐患，记录位置，如某建筑三层东侧办公室；描述隐患，如办公室内插座松动，电线外皮轻微破损；评估严重程度，依相关标准与经验，分为一般隐患、重大隐患。评估时，需考量隐患引发火灾可能性及火灾后果。如人员密集商场，疏散通道一处应急照明灯具损坏，虽单个灯具问题看似不大，但火灾时可能影响人员疏散，可评估为重大隐患。

同时，要记录隐患发现时间、检查人员姓名等，确保记录完整、可追溯。记录时使用规范专业术语，避免模糊表述。对复杂电气线路故障、建筑结构隐蔽缺陷等难以用文字表述的隐患，采用拍照、绘制示意图辅助记录，直观呈现隐患情况。通过标准化隐患记录与评估流程，为整改提供详实、准确资料，便于制定针对性整改方案，合理调配整改资源，确保隐患及时、有效消除。

2．持续跟踪整改并严格复查

整改跟踪与复查是彻底消除火灾隐患的关键，需遵循标准化流程。发现隐患后，检查人员及时向被检查单位下达整改通知书，明确整改要求、期限与责任人。通知书采用统一格式，内容涵盖隐患描述、整改依据法律法规与标准条款、具体整改措施建议，以及逾期未整改的法律责任。如对疏散通道被杂物堵塞的企业，通知书要求 3 日内清理杂物，确保通道畅通，并附上《中华人民共和国消防法》相关条款及清理、维护措施建议。

整改期限内，检查人员定期跟踪整改情况，通过电话询问、现场查看等方式，了解进展，及时解决问题。对整改难度大或涉及多部门协调的隐患，积极协助制定解决方案，推动整改。整改期限到期后，按标准化流程复查。复查时，对照整改通知书要求，逐一核查隐患是否整改到位。已整改的隐患，确认其措施是否有效，是否达到消防安全标准；未整改或整改不到位的，依法采取罚款、责令停产停业等进一步处罚措施，并持续跟踪，直至隐患彻底消除。通过标准化整改跟踪与复查流程，形成防火检查闭环管理，切实提升消防安全管理水平，守护社会消防安全。

三、消防检查智慧化升级与实践创新

（一）引入智慧防火检查模式

利用物联网技术，在建筑内广泛部署各类传感器，如电气线路温度传感器、烟雾浓度传感器、消防水压传感器等，实时采集数据并上传至智慧消防管理平台。以某智能写字楼为例，平台能实时显示各区域电气线路温度，一旦超过安全阈值，立即向管理人员发送预警信息，便于及时排查电气故障隐患。同时，借助大数据分析技术，对长期积累的检查数据进行深度挖掘，分析火灾隐患分布规律、高发区域与时段。例如，通过分析发现，某商场餐饮区在夏季晚间营业时间，因厨房设备长时间使用，火灾隐患风险显著增加，管理部门据此加强该时段该区域的检查频次与力度，实现精准防控。此外，利用移动互联网技术，开发防火检查 App，检查人员现场检查时，通过 App 扫描设备二维码，即可快速调取设备信息，记录检查情况，拍照上传隐患图片，实现检查流程无纸化、便捷化，大幅提升检查效率。

（二）优化防火检查人员配置与培训体系

根据不同检查任务需求，合理配置检查人员。对于涉及复杂电气系统、特殊消防设施的检查，安排具备相关专业知识与丰富经验的人员负责。例如，检查大型数据中心的防火安全，选派精通电气技术与气体灭火系统的专业人员。同时，构建完善的培训体系，定期组织检查人员参加消防安全法规、最新防火技术标准、新型火灾隐患识别等培训课程。邀请行业专家开展案例分析讲座，剖析典型火灾事故中防火检查的疏漏与改进方向。定期组织实战演练，模拟不同类型场所火灾场景，让检查人员在实践中提升应急处置与隐患排查能力。通过持续培训与实战锻炼，打造一支业务精湛、反应迅速的防火检查专业队伍，为提升检查效能提供人力支撑。

（三）防火检查的多方协同机制

建立消防部门、建筑业主、物业企业及相关行业协会的多方协同防火检查机制。消防部门发挥主导作用，制定防火检查规范，定期对其他各方进行业务指导与监督。建筑业主作为消防安全第一责任人，积极配合检查工作，提供建筑消防设施资料、整改资金等支持。物业企业负责日常防火巡查与隐患初步排查，及时向消防部门与业主反馈问题。行业协会组织开展行业内交流活动，分享先进防火检查经验与技术，推动行业整体水平提升。例如，在某大型社区，消防部门、业主委员会、物业公司定期召开联席会议，共同商讨社区防火检查计划、隐患整改方案，合力工作，有效提升社区防火检查工作成效，降低火灾风险。

（四）标准化流程的推广问题

1．人员观念转变困难

部分检查人员习惯传统检查方式，对标准化流程的重要性认识不足，存在抵触情绪。一些经验丰富的老检查人员认为自己的经验足以应对检查工作，认为标准化流程烦琐，限制了工作灵活性。

应对策略：加强宣传教育，组织专题培训，通过实际案例展示标准化流程在提升检查准确性、降低火灾风险方面的显著成效，让检查人员切实认识到标准化的优势。同时，设立激励机制，对积极采用标准化流程且工作表现出色的人员给予奖励，激发其主动性和积极性。

2．企业配合度不高

部分企业担心标准化检查会暴露更多问题，影响生产经营，对检查工作不配合，甚至存在隐瞒隐患的情况。一些中小企业由于资金有限，认为按照标准化要求整改隐患成本过高，因此消极对待。

应对策略：消防部门联合相关行业主管部门，加强对企业的普法宣传，明确企业在消防安全中的主体责任以及违反规定的法律后果。对于整改资金困难的中小企业，提供政策支持，如设立专项补贴、提供低息贷款等，帮助企业完成隐患整改。

（五）标准化流程与新技术适配问题

1．新消防设施与技术的融入问题

随着新型消防设施如智能消防水炮、气溶胶灭火系统等不断涌现，以及新技术如区块链在消防数据管理中的应用，标准化检查流程需要及时更新以适配这些变化。但目前相关标准的制定存在滞后性，检查人员对新设施、新技术的检查要点与方法掌握不足。

应对策略：消防部门、行业协会与科研机构加强合作，加快制定针对新消防设施与技术的检查标准与规范。定期组织检查人员参加新技术、新设施的培训课程，邀请专家进行理论讲解与实操指导，确保检查人员能够熟练掌握新的检查技能。

2．信息化系统的兼容与维护

智慧防火检查模式依赖各类信息化系统，如物联网监测平台、移动检查 App 等。但不同厂家的设备与系统之间可能存在兼容性问题，导致数据传输不畅、信息孤岛等现象。同时，信息化系统的日常维护需要专业技术人员与资金投入，增加了管理难度。

制定统一的信息化设备与系统接口标准，要求厂家在产品设计与生产过程中严格遵循，确保不同系统之间能够互联互通。建立信息化系统运维团队，或委托专业的第三方运维公司，负责系统的日常维护、升级与故障处理，保障系统稳定运行。

防火检查流程的标准化与效能提升是消防安全管理领域的核心任务，对于预防火灾、保障生命财产安全具有不可替代的重要性。通过构建标准化流程，从检查前的精心准备、现场的规范检查到检查后的妥善处理，确保检查工作的全面性、准确性与规范性。在此基础上，引入信息化手段、优化人员配置与培训体系以及建立多方协同机制等创新举措，进一步提升了防火检查效能。

尽管标准化流程在推行初期面临阻力以及技术更新带来的适配难题，但通过采取针对性的策略，如加强人员观念转变、提高企业配合度、加快标准制定与技术培训、解决信息化系统兼容与维护问题等，可以有效克服这些障碍。从大型商业综合体到化工园区，这些不同类型场所的成功实践案例也充分证明，标准化的防火检查流程能够显著提升消防安全管理水平，降低火灾风险。在未来，随着社会的发展与技术的进步，持续优化防火检查流程，不断提升其标准化程度与效能，将为消防安全事业的发展注入源源不断的动力，为社会的稳定与繁荣保驾护航。

（六）防火检查标准化实践案例

1．大型商业综合体

某大型商业综合体建筑面积达 50 万平方米，涵盖购物中心、酒店、写字楼等多种业态。以往，防火检查因缺乏标准化流程，问题频发，火灾隐患难以及时发现与整改。引入防火检查标准化流程后，成效显著。按标准化检查计划，每周对不同区域进行全面检查，餐饮区重点检查厨房燃气与油烟管道，每月安排专业清洁公司对油烟管道深度清洗，并做好记录；检查电气系统时，每季度使用专业检测设备对配电箱、电气线路进行全面检测。通过标准化流程，检查全面性大幅提升，火灾隐患发现率提高 60%。同时，借助智慧消防管理平台，实时监测消防设施运行，如消火栓水压、自动喷水灭火系统压力等，设施故障响应时间从原来的平均 2 h 缩短至 15 min。自实施标准化防火检查以来，该商业综合体未发生一起因消防隐患导致的重大火灾事故，保障了消费者、商户及员工的生命财产安全，维护了商业运营的稳定。

2．化工园区

某化工园区集聚众多化工企业，存储、使用大量易燃易爆化学品，火灾风险极高。推行防火检查标准化流程后，园区管委会联合消防部门制定严格检查标准与流程。企业的易燃易爆物品仓库，每日检查存储环境、通风设施、报警装置；每周检查物品包装、存储间距。在某化工企业检查中，以标准化流程开展检查及时发现仓库通风设备故障、部分化学品包装破损泄漏等重大隐患。园区迅速责令企业停产整顿，督促其更换通风设备，重新封装化学品，并加强员工安全培训。

标准化流程实施前，园区内小的火灾事故偶有发生，企业因火灾隐患整改不到位导致的经济损失每年高达数千万元。实施后，隐患发现率提升了 80%，重大火灾隐患整改率达到 100%。近两年来，园区没有发生因消防隐患引发的重大火灾事故，安全生产环境得到极大改善，企业得以安心生产经营，促进了园区整体经济效益与社会效益的提升。

第二节 火灾风险评估模型的构建与应用

火灾，作为一种极具破坏性的灾害，时刻威胁着人类的生命财产安全以及社会的稳定发展。从繁华都市的高楼大厦到偏远乡村的民居，从大型工业厂房到人员密集的商业综合体，火灾隐患无处不在。准确评估火灾风险，提前采取有效的预防和应对措施，成为降低火灾损失的关键。火灾风险评估模型作为现代消防安全管理的核心工具，通过对各类火灾相关因素的系统分析，量化火灾发生的可能性和可能造成的后果，为消防决策、资源配置以及建筑消防设计等提供科学依据。随着科技的飞速发展和消防安全需求的不断提升，构建精准、高效且适应性强的火灾风险评估模型，已成为消防领域的重要研究课题和实践方向。

一、消防风险评估模型构建与方法创新

（一）火灾风险的概念与内涵

火灾风险，从本质上讲，是指在特定环境和时间段内，火灾发生的可能性及其可能导致的人员伤亡、财产损失、环境破坏等不利后果的综合度量。它涵盖了火灾发生的概率和火灾后果的严重程度两个关键要素。火灾发生的可能性受到众多因素影响，如建筑内的电气设备状况、用火用气管理、易燃可燃物的存储与分布、人员的消防安全意识和行为等。例如，在一个老旧居民楼中，电气线路老化、私拉乱接现象严重，这就大大增加了电气故障引发火灾的可能性。而火灾后果的严重程度，则取决于建筑的结构类型、使用功能、人员密度、消防设施配备等因素。以人员密集的商场为例，一旦发生火灾，由于人员众多且疏散难度大，加上内部装修材料可能含有大量可燃物质，火灾造成的人员伤亡和财产损失往往极为惨重。理解火灾风险的概念与内涵，是构建火灾风险评估模型的基石，只有全面把握这些要素，才能准确评估火灾风险水平。

（二）火灾风险评估的目的与意义

预防火灾事故发生：火灾风险评估的首要目的是预防火灾事故的发生。通过对各类场所进行全面、系统的风险评估，能够提前识别潜在的火灾隐患。例如，在对一家化工企业进行风险评估时，发现其危险化学品仓库的通风系统存在故障，易燃易爆气体容易积聚，存在极大的火灾爆炸风险。基于评估结果，企业及时对通风系统进行维修和升级，消除了这一重大

隐患，从而有效降低了火灾发生的可能性。

优化消防资源配置：合理配置消防资源对于提高消防安全管理效率至关重要。火灾风险评估能够帮助消防部门和相关单位确定不同区域、场所的火灾风险等级，从而有针对性地分配消防资源。对于高风险区域，如大型石油化工园区、超高层写字楼等，加大消防设施投入，配备更先进的灭火设备和疏散救援装备，同时增加消防巡查和演练的频次。而对于风险相对较低的区域，则可以在保障基本消防安全的前提下，合理减少资源投入，实现消防资源的优化利用，提高整体消防安全效益。

指导建筑消防设计：科学的火灾风险评估为建筑消防设计提供了重要依据。在建筑设计阶段，通过对建筑的使用功能、人员流动、火灾荷载等因素进行风险评估，可以确定合理的消防设计方案。例如，对于一座新建的医院建筑，考虑到其内部有大量行动不便的病人，在火灾风险评估的基础上，设计人员优化了疏散通道的布局，增加了疏散指示标志和应急照明的亮度和数量，确保在火灾发生时病人能够安全、迅速地疏散。同时，根据评估结果，合理确定了消防设施的类型和配置数量，提高了建筑的整体防火抗灾能力。

（三）火灾风险评估指标体系的建立

1．建筑结构与消防设施指标

（1）建筑耐火等级

建筑的耐火等级是衡量其抗火能力的重要指标。不同耐火等级的建筑，在火灾中的稳定性和抗烧性能差异巨大。一级耐火等级的建筑通常采用不燃性建筑材料，如钢筋混凝土结构，其梁、柱、楼板等主要承重构件具有较高的耐火极限，能在火灾中保持较长时间的稳定性，为人员疏散和灭火救援争取宝贵时间。而一些采用可燃或难燃材料建造的低耐火等级建筑，在火灾中容易迅速坍塌，增加火灾风险。

（2）防火分区划分

合理的防火分区划分能够有效阻止火灾蔓延。防火分区之间通过防火墙、防火卷帘等防火分隔设施进行分隔，确保在火灾发生时，火势不会轻易扩散到其他区域。例如，在大型商业综合体中，每个楼层根据使用功能和面积大小划分多个防火分区，每个分区内的火灾荷载相对独立，一旦某个分区发生火灾，防火分隔设施能将火势控制在该分区内，减少火灾对整个建筑的影响。

（3）消防设施配备情况

完善的消防设施是火灾防控的关键。消防设施包括火灾自动报警系统、自动喷水灭火系统、消火栓系统、防排烟系统等。火灾自动报警系统则能及时发现火灾并发出警报，通知人员疏散和启动相关消防设施。自动喷水灭火系统能够在火灾初期迅速响应，通过喷头喷水灭火，有效遏制火势发展。消火栓系统应保证在火灾时能提供充足的消防用水，其水压、水量应符合相关规范要求。防排烟系统可排除火灾产生的烟雾，为人员疏散和灭火救援创造有利条件。

2. 电气与燃气安全指标

（1）电气线路状况

电气线路故障是引发火灾的常见原因之一。评估电气线路状况时，需考虑线路的敷设方式、使用年限、是否存在过载、短路等问题。例如，老旧建筑中的电气线路可能因长期使用而老化、绝缘层破损，容易引发短路起火。同时，不合理的线路敷设，如将电线直接敷设在易燃材料表面，也会增加火灾风险。

（2）电气设备使用与维护

各类电气设备，如空调、电脑、电暖器等，若在使用过程中操作不当或缺乏维护，也可能引发火灾。例如，长时间使用大功率电器且未配备合适的过载保护装置，容易导致电气设备过热起火。定期对电气设备进行检查、维护，确保其正常运行，是降低电气火灾风险的重要措施。

（3）燃气系统安全性

对于使用燃气的场所，燃气系统的安全性至关重要。需检查燃气管道是否存在泄漏、阀门是否关闭严密、燃气报警器是否正常工作等。在餐饮场所，燃气使用频繁，若燃气管道老化、接口松动或操作人员违规操作，一旦燃气泄漏并遇到明火，极易引发爆炸和火灾事故。

3. 人员与管理因素指标

（1）人员密度与疏散能力

人员密度直接影响火灾发生时人员疏散的难度。在人员密集场所，如学校、剧院、地铁站等，人员密度过大可能导致疏散通道拥堵，延长疏散时间，增加人员伤亡风险。同时，人员的疏散能力也不容忽视，包括人员对疏散通道的熟悉程度、是否接受过消防安全培训等。经过消防安全培训的人员，在火灾发生时能够更加冷静、迅速地疏散，减少混乱和拥挤。

（2）消防安全管理制度

健全的消防安全管理制度是消防安全的重要保障。包括消防安全责任制的落实、日常防火巡查制度的执行、消防设施的维护保养制度等。在一个管理规范的企业中，明确各部门、各岗位的消防安全职责，定期进行防火巡查，及时发现和整改火灾隐患，确保消防设施始终处于良好运行状态，能够有效降低火灾风险。

（3）员工消防安全意识

员工的消防安全意识和行为对火灾风险有着重要影响。具有较强消防安全意识的员工，能够自觉遵守消防安全规定，如不随意乱扔烟头、不违规使用电器等。同时，他们能够及时发现身边的火灾隐患，并采取相应措施进行处理，从而降低火灾发生的可能性。

（四）火灾风险评估模型的数据基础

1．数据来源渠道

（1）建筑设计与竣工资料

建筑设计图纸和竣工资料包含了建筑结构、消防设施设计等大量基础信息。通过查阅这些资料，获取建筑的耐火等级、防火分区划分、消防设施的类型和布局等关键数据，为火灾风险评估提供重要依据。例如，在评估一座新建写字楼的火灾风险时，从其竣工资料中了解到其采用了一级耐火等级设计，配备了完善的自动喷水灭火系统和火灾自动报警系统，这些信息对于评估其火灾风险水平至关重要。

（2）消防设施检测报告

定期的消防设施检测报告能够反映消防设施的实际运行状况。检测报告中包含了消火栓系统的水压测试数据、自动喷水灭火系统的喷头工作状态、火灾自动报警系统的故障信息等。通过分析这些检测报告，及时发现消防设施存在的问题，如消火栓水压不足、喷头堵塞、报警系统误报等，从而对火灾风险进行准确评估。

（3）日常防火巡查记录

日常防火巡查记录记载了建筑内每天的防火巡查情况，包括电气设备运行状况、易燃可燃物堆放情况、疏散通道是否畅通等。这些记录能够反映出建筑日常管理中的火灾隐患状况。例如，通过查看某商场的防火巡查记录，发现其部分区域存在货物堆放占用疏散通道的情况，这一信息表明该商场在人员疏散方面存在一定的火灾风险。

（4）问卷调查与访谈

针对人员因素，通过问卷调查和访谈的方式收集数据。可以向建筑内的员工、居民发放问卷，了解他们的消防安全知识掌握程度、日常消防安全行为习惯等。同时，与建筑管理人员进行访谈，了解消防安全管理制度的执行情况、员工培训情况等。例如，通过问卷调查发现某工厂部分员工对灭火器的使用方法不熟悉，这说明在员工消防安全培训方面存在不足，增加了火灾发生时的应对难度。

2．数据处理方法

（1）数据清洗

收集到的数据可能存在错误、重复或缺失等问题，需要进行数据清洗。通过数据清洗算法，去除重复数据，纠正错误数据，对于缺失数据，采用插值法、多重填补法等方法进行填补。例如，在处理消防设施检测报告中的水压数据时，发现部分数据存在异常值，通过与实际检测情况核对，对错误数据进行修正，确保数据的准确性。

（2）数据标准化

不同类型的数据具有不同的量纲和取值范围，为了便于分析和比较，需要进行数据标准化处理。将数据转化为统一的标准尺度，常用的标准化方法有 Z-score 标准化、Min-Max 标准化等。例如，在评估建筑的火灾风险时，建筑高度、人员密度、消防设施配备数量等数据的量纲和取值范围差异较大，Z-score 标准化方法将这些数据转化为均值为 0、标准差为 1 的标准数据，以便后续进行综合分析。

（3）数据分类与编码

对于一些定性数据，如建筑的使用功能、人员的消防安全意识等级等，需要进行分类与编码处理。将定性数据转化为定量数据，便于进行数学运算和模型分析。例如，将建筑的使用功能分为住宅、商业、工业等类别，并分别赋予相应的编码，如住宅为 1、商业为 2、工业为 3，这样在构建火灾风险评估模型时，可以将这些编码作为变量进行分析。

（五）火灾风险评估的层次分析法（AHP）模型

1. 模型原理与构建步骤

层次分析法是一种将复杂问题分解为多个层次，通过两两比较的方式确定各因素相对重要性的方法。

在构建火灾风险评估的 AHP 模型时，首先要确定目标层、准则层和指标层。目标层通常为火灾风险评估结果；准则层包含影响火灾风险的主要因素类别，如建筑结构与消防设施、电气与燃气安全、人员与管理因素等；指标层则是具体的评估指标，如建筑耐火等级、电气线路状况、人员密度等。

接下来，构建判断矩阵。通过专家打分等方式，对准则层和指标层中各因素进行两两比较，判断其相对重要性，并将比较结果填入判断矩阵。例如，对于准则层中建筑结构与消防设施和电气与燃气安全这两个因素，专家根据经验判断建筑结构与消防设施对火灾风险的影响相对更大，在判断矩阵中相应位置赋予较大的数值。

然后，计算判断矩阵的特征向量和最大特征值，通过一致性检验后，得到各因素的相对权重。例如，经过计算，确定建筑结构与消防设施在火灾风险评估中的权重为 0.4，电气与燃气安全的权重为 0.3，人员与管理因素的权重为 0.3。最后，将各指标的评估值与对应的权重相乘并求和，得到火灾风险评估值。

2. 在火灾风险评估中的应用实例

以某高层写字楼为例，运用 AHP 模型进行火灾风险评估。在指标层中，建筑耐火等级为一级，评估值设为 90 分（满分 100 分）；防火分区划分合理，评估值为 85 分；消火栓系统、自动喷水灭火系统等消防设施运行良好，评估值均为 80 分。电气线路采用了符合标准的敷设方式且定期维护，评估值为 80 分；电气设备使用规范，评估值为 85 分。人员密度适中，评估值为 75 分；员工接受过消防安全培训，消防安全意识较高，评估值为 80 分；消防安全管理制度健全且执行良好，评估值为 85 分。

根据之前计算得到的权重，建筑结构与消防设施方面的加权得分为（假设各项指标在建筑结构与消防设施准则层中的权重分别为 0.3、0.2、0.2、0.1、0.1、0.1）：

$$(90\times0.3+85\times0.2+80\times0.2+80\times0.1+80\times0.1+85\times0.1)\times0.4=32.8$$

电气与燃气安全方面的加权得分为：

$$(80\times0.5+85\times0.5)\times0.3=24.75$$

人员与管理因素方面的加权得分为：

$$(75\times0.3+80\times0.3+85\times0.4)\times0.3=23.55$$

则该写字楼的火灾风险评估值为：

$$32.8+24.75+23.55=81.1$$

根据预先设定的风险等级标准，可判断该写字楼的火灾风险处于较低水平。

（六）火灾风险评估的模糊综合评价模型

1．模型原理与计算过程

模糊综合评价模型基于模糊数学理论，能够处理评估过程中的模糊性和不确定性因素。其原理是通过构建模糊关系矩阵，将多个因素对评价对象的影响进行综合考虑。在火灾风险评估中，首先确定评价因素集和评价等级集。评价因素集即前面提到的各类评估指标，如建筑结构、电气安全等；评价等级集可分为低风险、较低风险、中等风险、较高风险、高风险五个等级。

然后，邀请专家对每个评价因素隶属于不同评价等级的程度进行打分，构建模糊关系矩阵。例如，对于建筑耐火等级这一因素，专家认为其隶属于低风险等级的程度为 0.6，隶属于较低风险等级的程度为 0.3，隶属于中等风险等级的程度为 0.1，将这些数值填入模糊关系矩阵相应位置。

接着，结合各因素的权重向量（权重确定方法可参考 AHP 等方法），通过模糊合成运算，得到评价对象对各评价等级的隶属度向量。最后，根据隶属度最大原则，确定评价对象的火灾风险等级。

2．模型特点与适用场景

模糊综合评价模型的特点在于能够将定性和定量因素有机结合，充分考虑评估过程中的模糊性。例如，人员的消防安全意识、消防安全管理制度的执行效果等因素难以用精确的数值表示，通过模糊评价能够较好地处理这类问题。该模型适用于火灾风险影响因素复杂、存在较多模糊信息的场景，如对老旧城区的火灾风险评估。老旧城区建筑年代跨度大、建筑结构多样、人员情况复杂，使用模糊综合评价模型可以综合考虑各种不确定因素，更准确地评估其火灾风险水平。

二、模型实战应用与挑战突破

（一）火灾风险评估模型在建筑消防设计审核中的应用

1. 辅助设计方案优化

在建筑设计阶段，将火灾风险评估模型应用于设计方案审核，能够帮助设计人员优化设计方案。例如，在设计一座大型购物中心时，通过火灾风险评估模型分析不同防火分区划分方案对火灾蔓延和人员疏散的影响。模型模拟结果显示，原设计方案中部分防火分区面积过大，在火灾发生时可能导致火势迅速蔓延，影响人员疏散。基于评估结果，设计人员调整了防火分区划分，增加了防火分隔设施，优化了疏散通道布局，降低了火灾风险。

2. 消防设施配置决策

火灾风险评估模型为消防设施的合理配置提供依据。根据评估模型计算出的不同区域的火灾风险等级，确定相应的消防设施配置标准。对于高风险区域，如购物中心的餐饮区，由于用火用电频繁、火灾荷载大，通过评估模型确定需要增加自动喷水灭火系统的喷头密度，提高火灾自动报警系统的灵敏度，并配备更多的灭火器。而对于低风险的办公区域，在满足基本消防安全要求的前提下，可以适当减少消防设施的配置数量，实现消防设施的科学、合理配置，避免资源浪费。

（二）火灾风险评估模型在消防安全管理中的应用

1. 风险分级管控

消防部门和相关单位利用火灾风险评估模型对各类场所进行风险分级。将火灾风险分为高、中、低三个等级，针对不同等级采取不同的管控措施。对于高风险场所，如大型石油化工企业、超高层建筑等，加大消防监督检查力度，增加检查频次，要求企业定期进行火灾风险评估和隐患排查治理。对于中风险场所，如一般商业建筑、学校等，加强日常监管，督促其落实消防安全管理制度。对于低风险场所，如小型居民住宅等，开展消防安全宣传教育，提高居民的消防安全意识。通过风险分级管控，实现消防安全管理的精细化和高效化。

2. 消防资源调配

根据火灾风险评估结果，合理调配消防资源。在火灾高发季节或地区，将消防车辆、消防器材、消防人员等资源向高风险区域倾斜。例如，在夏季高温时段，城市中的老旧居民楼因电气设备使用频繁、线路老化等原因，火灾风险增加。消防部门通过火灾风险评估模型确定高风险区域后，将更多的消防巡逻车安排在这些区域进行日常巡查，及时发现和处理火灾隐患。同时，为高风险区域的社区配备更多的灭火器等消防器材，并组织消防志愿者开展消防安全培训，提高居民的自防自救能力。在发生火灾时，根据风险评估确定的重点保护目标和可能的火灾蔓延路径，科学调度消防力量，提高灭火救援效率。

3. 应急预案制定与演练优化

火灾风险评估模型为应急预案的制定和演练提供数据支持和决策依据。通过模型模拟不同场景下的火灾发展过程，包括火势蔓延速度、烟雾扩散范围、人员疏散时间等，确定可能出现的危险情况和薄弱环节。例如，在为一个大型会展中心制定应急预案时，利用火灾风险评估模型分析，发现会展中心内部空间开阔，人员密集，一旦发生火灾，烟雾容易迅速扩散，且部分疏散通道可能因人员拥堵而受阻。基于此，应急预案中明确规划在火灾发生时，利用通风系统控制烟雾扩散，以及通过广播引导人员有序疏散的方法和流程，同时建议增加备用疏散通道。在应急预案演练中，根据风险评估结果设置模拟场景，检验和优化应急预案的可行性和有效性。通过演练，不断调整和完善应急响应流程、人员职责分工等内容，提高应急处置能力。

（三）火灾风险评估模型在城市消防规划中的应用

1．城市消防安全布局规划

火灾风险评估模型在城市消防规划中用于优化消防安全布局。通过对城市不同区域的建筑类型、人口密度、产业分布等因素进行综合评估，确定火灾高风险区域和重点防护目标。例如，在城市规划中，发现某一片区集中了大量的易燃易爆化工企业，且周边居民小区密集，火灾风险极高。基于火灾风险评估结果，规划部门调整了该区域的功能布局，将部分居民小区进行搬迁，同时在化工企业周边设置足够宽度的防火隔离带，并规划建设消防专用通道，确保在火灾发生时，消防车辆能够迅速到达现场，有效控制火势蔓延。

2．消防基础设施规划

根据火灾风险评估结果，合理规划消防基础设施。对于火灾风险较高的区域，增加消防水源的设置，提高消防供水能力。例如，在城市的商业区，由于建筑密集、火灾荷载大，通过评估确定增设消防水池和消火栓的数量，并优化消防供水管网布局，确保消防用水的充足供应。同时，在高风险区域合理规划消防站的位置和规模，确保消防站能够在规定时间内到达辖区内任何火灾现场。根据火灾风险评估模型，计算出不同区域的火灾发生概率和可能的火灾规模，确定消防站应配备的消防车辆类型和数量，提高灭火救援的针对性和有效性。

（四）火灾风险评估模型的数据质量挑战与更新问题

1．数据质量挑战

火灾风险评估模型依赖大量准确、全面的数据，但在实际数据收集过程中，数据质量往往存在问题。部分数据可能由于检测设备精度不足、人为记录错误等原因存在误差，如不准确的数据，会影响对消防设施实际运行状况的准确判断。此外，数据的完整性也难以保证，一些老旧建筑可能缺乏完整的设计和竣工资料，无法获取关键的建筑结构和消防设施信息，影响火灾风险评估的准确性。

2．应对策略

为提高数据质量，一方面要加强数据收集过程的管理，规范数据采集流程，使用高精度的检测设备，并对数据采集人员进行专业培训，减少人为误差。另一方面，建立数据审核机制，对收集到的数据进行严格审核，发现错误及时纠正。对于缺失数据，通过实地调研、专家评估等方式进行补充。例如，对于缺乏竣工资料的老旧建筑，组织专业人员进行实地勘查，测量建筑结构尺寸，检查消防设施现状，尽可能获取完整的数据信息。同时，定期更新数据，确保数据能够反映建筑和场所的实时情况。随着时间推移，建筑结构可能发生变化，消防设施可能出现故障或更新，人员情况和管理措施也可能改变，及时更新数据也是保证火灾风险评估模型的准确性和时效性的重要内容。

（五）火灾风险评估模型的适应性与普适性难题

1．适应性挑战

不同类型的建筑和场所具有独特的火灾风险特征，现有的火灾风险评估模型可能无法完全适用所有情况。例如，一些特殊建筑，如博物馆、核电站等，其内部结构、使用功能和火灾荷载与普通建筑差异巨大，传统的火灾风险评估模型可能无法准确考虑到特殊因素的影响，导致评估结果不准确。此外，不同地区的气候条件、社会经济状况等因素也会对火灾风险产生影响，模型在不同地区的应用需要进行调整，但目前模型的地域适应性研究还不够充分。

2．应对策略

针对模型适应性问题，需要加强对特殊建筑和不同地区火灾风险特征的研究。通过对博物馆、核电站等特殊建筑的火灾案例分析和模拟实验，深入了解其火灾发生和发展规律，建立专门适用于这些特殊建筑的火灾风险评估子模型，并将其与通用模型相结合，提高模型对特殊建筑的适应性。在地域适应性方面，收集不同地区的火灾数据和相关影响因素，如气候数据、建筑材料使用特点、居民消防安全意识等，利用大数据分析和机器学习技术，对模型参数进行优化和调整，使模型能够更好地适应不同地区的实际情况。同时，鼓励地方根据本地特点，对通用火灾风险评估模型进行本地化改进和完善，提高模型在当地的应用效果。

（六）火灾风险评估专业人才短缺问题

1．人才短缺现状

火灾风险评估模型的构建和应用需要具备消防工程、数学、统计学、计算机科学等多学科知识的专业人才。目前，这类复合型专业人才相对短缺。在实际工作中，很多从事火灾风险评估的人员对复杂的数学模型和计算机技术掌握不足，无法熟练运用先进的评估模型进行准确评估。同时，高校相关专业的人才培养体系还不够完善，课程设置未能充分满足火灾风险评估领域对多学科知识融合的需求，导致专业人才的输出难以满足行业发展的需要。

2．应对策略

加强专业人才培养，高校应优化相关专业课程设置，增加消防工程、数学建模、数据分析等多学科融合的课程内容，培养学生综合运用多学科知识解决火灾风险评估问题的能力。同时，鼓励高校与消防科研机构、企业开展合作，通过实践教学、实习基地建设等方式，学生在实际项目中积累经验，提高实践能力。对于在职人员，组织定期的培训和继续教育，邀请行业专家进行授课，内容涵盖最新的火灾风险评估模型、技术和方法，以及相关法律法规和标准规范，提升在职人员的专业水平。此外，建立专业人才激励机制，提高火灾风险评估领域专业人才的待遇和社会地位，吸引更多优秀人才投身该领域，缓解专业人才短缺的问题。

火灾风险评估模型作为现代消防安全管理的核心技术手段，在预防火灾事故、优化消防资源配置、指导建筑消防设计以及推动城市消防规划等方面发挥着至关重要的作用。通过对火灾风险的基础理论进行深入剖析，明确火灾风险的概念、内涵以及评估的目的和意义，为构建科学合理的评估模型奠定了坚实的理论基础。在模型构建过程中，精心确定评估指标体系，广泛收集和科学处理数据，进而成功构建了如层次分析法模型、模糊综合评价模型等多种行之有效的火灾风险评估模型，这些模型各有特点，适用于不同场景和需求。

在实际应用领域，火灾风险评估模型在建筑消防设计审核中助力设计方案优化和消防设施合理配置；在消防安全管理中实现风险分级管控、消防资源精准调配以及应急预案的科学制定与演练优化；在城市消防规划中推动消防安全布局和消防基础设施的合理规划。然而，模型应用过程中也面临着数据质量与更新、模型适应性与普适性以及专业人才短缺等诸多挑战，通过采取一系列针对性的应对策略，如加强数据管理、开展特殊建筑与地域适应性研究以及加大专业人才培养力度等，可以逐步克服这些障碍。

随着科技的不断进步和社会对消防安全重视程度的持续提高，火灾风险评估模型将不断完善和创新。未来，有望将 AI、物联网等前沿技术更深入地融入火灾风险评估模型，实现对火灾风险的实时监测、动态评估和精准预警，为保障人民生命财产安全和社会稳定发展提供更为强大、可靠的技术支撑，推动消防安全管理工作迈向更高水平。

第五章　社会单位消防安全责任体系

第一节　企业消防安全自主管理框架

在社会单位消防安全责任体系的构建进程中，企业消防安全自主管理框架作为核心支柱，其功能定位直接关乎企业火灾防控能力与安全发展水平。随着企业规模扩张与生产经营活动复杂化，传统被动式消防管理模式已难以满足需求。清晰界定企业消防安全自主管理的功能定位，不仅是企业强化内生安全动力的关键，更是推动社会整体消防安全水平提升的重要基础。通过系统化、科学化的功能构建，企业将消防安全深度融入运营全流程，形成从风险预判到应急处置的闭环管理体系。

一、企业消防安全自主管理的功能定位

（一）风险预防与隐患排查的前置性把控

1．风险识别与评估体系构建

企业消防安全管理的首要功能在于构建全面的风险识别与评估体系。这一体系需基于企业生产经营特性，对内部全流程进行系统性梳理。以石油化工企业为例，其风险识别需覆盖原料储存、反应工艺、产品运输等环节，重点关注易燃易爆化学品泄漏、高温高压设备失控等风险源；而电子制造企业则需聚焦电气线路过载、精密设备散热不良、静电积聚等潜在风险。通过引入专业风险评估工具，如 HAZOP（危险与可操作性分析）、LEC（作业条件危险性分析）等方法，对各类风险进行量化分级。其中，HAZOP 可针对工艺流程进行系统性分析，识别潜在偏差与危害；LEC 法则通过作业可能性（L）、暴露频率（E）和后果严重性（C）的乘积，计算风险值，确定风险等级。企业可据此建立风险清单，明确高、中、低风险区域及应对优先级，为后续防控措施提供精准导向。

2．动态化隐患排查机制

隐患排查作为风险预防的核心环节，需建立动态化、全周期的管理机制。企业可构建“三

级排查”体系：班组层面执行日常巡检，由一线员工利用便携式终端设备，对设备运行状态、作业环境进行实时监测，如检查生产线周边是否存在易燃物堆积、电气设备温度是否异常等，并通过移动端 App 即时上传数据；部门层面开展专项排查，由专业技术人员每月针对重点区域（如配电室、危化品仓库）进行深度检测，利用红外热成像仪、气体检测仪等设备，排查隐蔽性隐患；公司层面组织季度综合排查，由管理层带队，联合安全、生产、设备等多部门，对消防设施完整性、疏散通道畅通性、应急预案有效性等进行全面评估。所有排查数据统一录入企业消防安全管理平台，形成隐患数据库，通过数据分析模型自动生成风险热力图，直观展示隐患分布与演变趋势，实现隐患的智能预警与动态跟踪。

3．预防性维护与技术升级

预防性维护是降低风险的关键措施。企业需制定消防设施全生命周期管理计划，明确各类设施的维护周期与标准。对于自动喷水灭火系统，每季度进行末端试水测试，每年对水泵性能、管网压力进行全面检测；火灾报警系统则需每月进行误报率统计分析，定期更新系统软件。同时，积极引入新技术提升预防能力，如采用智能感温电缆对电缆隧道进行分布式监测，实时捕捉局部过热异常；利用无人机搭载热成像设备，对大型厂区进行空中巡检，快速发现地面难以察觉的隐患。此外，企业可与科研机构合作，开展防火材料研发、火灾动力学模拟等课题研究，将前沿技术成果应用于实际生产，从源头上降低火灾风险。

（二）应急响应与救援处置的快速化应对

1．多层级应急预案体系

企业应急响应能力的基础在于构建多层级、模块化的应急预案体系。顶层为综合应急预案，明确应急指挥架构、资源调配原则及与外部救援力量的对接流程；中层按风险类型划分专项预案，如针对化工泄漏火灾、高层建筑火灾、电气火灾等制定专项处置方案；底层为现场处置方案，细化到各岗位在火灾发生时的具体操作步骤，如配电室值班人员如何断电、仓库管理员如何引导疏散等。每个预案均需配套详细的流程图与操作手册，并通过三维建模技术模拟火灾场景，直观展示疏散路线、灭火点位等关键信息。例如，某大型商业综合体通过建筑信息模型（BIM）技术，构建涵盖所有楼层的应急疏散模型，可根据火灾位置实时生成最优逃生路径，提升疏散效率。

2．实战化应急演练与优化

应急演练是检验和提升响应能力的核心手段。企业需摒弃形式化演练模式，开展常态化、实战化演练。演练设计应涵盖不同时段（如夜间、节假日）、不同场景（如单一起火点、多点蔓延）及突发状况（如通信中断、二次灾害）。例如，物流企业可模拟仓库货架倒塌引发火灾，同时设置消防通道堵塞、叉车故障等次生问题，考验应急队伍的综合处置能力。演练结束后，利用视频回放、数据采集设备进行复盘分析，重点评估响应速度、信息传递效率、资源协同效果等指标，建立“演练—评估—改进”的闭环机制，持续优化应急预案。某汽车制造企业通过定期开展实战演练，将火灾响应时间从最初的 15 min 缩短至 8 min，初期火灾扑灭成功率提升至 90%以上。

3．应急资源储备与协同

完善的应急资源储备是快速响应的保障。企业需根据风险评估结果，科学配置应急物资，除常规灭火器材、防护装备外，还需配备特种救援设备，如化工企业储备防化服、堵漏工具，高层建筑配置缓降器、逃生滑道等。同时，建立应急资源动态管理系统，实时监控物资库存状态，通过物联网技术实现低库存自动预警与补货提醒。在资源协同方面，企业应与周边单位、社区建立应急互助联盟，签订资源共享协议。例如，工业园区内企业可联合组建区域应急救援队伍，共享消防车、专业救援设备；商业综合体与相邻医院建立绿色通道，确保伤员快速转运。此外，利用大数据分析预测灾害影响范围，提前调配资源至关键区域，实现应急资源的精准投放。

（三）员工消防安全教育与培训的常态化渗透

1．分层分类培训体系构建

员工消防安全教育需建立覆盖全员、分层分类的培训体系。新员工入职阶段，开展基础消防安全“必修课”，内容包括消防设施操作、疏散逃生技能、企业安全文化等，培训后通过理论与实操双项考核方可上岗；在职员工按岗位性质划分培训模块，如生产岗位侧重设备防火、动火作业规范，后勤岗位聚焦厨房用火用电安全、宿舍消防管理。管理层则需接受战略层面的消防安全培训，学习风险管理、应急决策、资源统筹等内容。针对特殊岗位（如电工、焊工），实行“持证上岗+定期复训”制度，确保其掌握专业消防知识与技能。某跨国企业通过开发在线学习平台，为全球员工提供个性化学习路径，员工可根据自身岗位需求选择课程，学习进度与考核结果自动生成可视化报告，便于管理层跟踪评估。

2．多元化培训方式创新

传统课堂教学已难以满足现代企业培训需求，需采用多元化培训方式提升效果。虚拟现实（VR）技术可模拟真实火灾场景，员工佩戴 VR 设备后，能沉浸式体验浓烟环境下的逃生、灭火操作，通过触觉反馈、视觉冲击强化学习效果；增强现实（AR）技术则可在实际工作场景中叠加虚拟提示，指导员工正确操作消防设施。此外，企业可开展“情景模拟+沙盘推演”培训，组织员工分组模拟火灾应急处置全过程，通过角色扮演、策略讨论提升团队协作能力。例如，某零售企业通过举办“消防应急挑战赛”，设置物资搬运、伤员救治、火势控制等竞赛项目，将培训与趣味活动结合，员工参与率提升至 95%以上。同时，利用短视频平台制作消防知识科普短片，以生动案例、动画演示传播消防安全知识，扩大教育覆盖面。

3．安全文化与行为养成

员工消防安全意识的提升，最终需转化为日常行为习惯。企业可建立安全积分制度，将员工参与培训、发现隐患、提出改进建议等行为量化为积分，积分可兑换奖励或作为晋升参考，形成正向激励机制。在企业内部打造“安全文化长廊”，展示火灾案例、安全标兵事迹、应急技能要点等内容；设置“安全隐患随手拍”活动，鼓励员工主动发现并上报隐患。此外，将消防安全纳入企业文化建设，在年度总结大会、部门例会中设置安全主题环节，邀请员工分享消防安全感悟。某制造企业持续开展“安全行为月”活动，引导员工养成关闭电源、规范物料堆放等日常安全习惯，厂区火灾隐患数量同比下降60%，形成“人人讲安全、处处保安全”的良好氛围。

企业消防安全自主管理的功能定位，是一个有机融合、相互支撑的整体系统。以风险预防为根基，用科学评估与动态排查筑牢安全防线；应急响应为关键，确保在危急时刻快速止损；员工教育为核心驱动力，激活企业消防安全的内生动力。三者协同发力，不仅能够有效降低企业自身火灾风险，更能为社会消防安全治理提供微观层面的实践样本。随着技术进步与管理理念革新，企业需持续优化功能定位，推动消防安全自主管理向智能化、精细化、长效化方向发展，为企业高质量发展与社会安全稳定保驾护航。

二、企业消防安全自主管理制度与应用

企业消防安全自主管理的有效实施，离不开科学完备的制度体系与贴合实际的应用实践。在明确功能定位后，制度建设与应用落地成为企业将消防安全理念转化为具体行动的关键环节。一套行之有效的管理制度如同精密的齿轮，驱动着企业消防安全工作有序运转；而灵活多样的应用措施则是润滑剂，确保管理效能的充分发挥。二者相辅相成，共同构建起企业抵御火灾风险的坚实壁垒。

（一）企业消防安全自主管理制度建设

1．责任细化与落实制度

（1）多层次责任架构搭建

企业消防安全责任体系需从顶层设计开始，构建多层次、全覆盖的责任架构。企业最高管理层作为消防安全第一责任人，需统筹全局，将消防安全纳入企业战略规划，确保资源的优先配置。例如，企业负责人每年需亲自主持制定消防安全目标与预算，明确在消防设施升级、员工培训等关键领域的投入计划。中层管理团队则负责将高层目标拆解为具体任务，落实到各部门与岗位。以生产部门为例，部门经理需制定生产环节的消防安全细则，明确设备操作、物料存储等方面的安全标准，并监督执行情况。基层员工层面，需细化到每个岗位的具体职责，如仓库管理员负责货物分区存放、保持消防通道畅通；设备维护人员定期检查电气线路与消防设施状态。签订详细的消防安全责任书，明确各层级、各岗位的责任边界，形成“层层负责、人人有责”的责任网络。

（2）动态化责任考核机制

为确保责任有效落实，需建立动态化的考核机制。该机制应涵盖过程考核与结果考核两

部分。过程考核重点关注日常消防安全工作的执行情况，如隐患排查记录的完整性、消防设施维护的及时性等。可采用量化评分的方式，每月对各部门、各岗位进行考核，例如，未按时完成隐患整改的部门每次扣 5 分，设备维护记录缺失的岗位每次扣 3 分。结果考核则以年度为周期，结合火灾事故发生率、应急演练效果等指标进行综合评估。对于考核优秀的部门与个人，给予物质奖励与荣誉表彰，如颁发“消防安全先进集体”称号、发放绩效奖金；对考核不达标者，进行相应的处罚，包括扣减绩效、岗位调整等。同时，建立责任追究制度，一旦发生火灾事故，严格按照责任划分追究相关人员责任，确保责任制度的严肃性。

（3）责任沟通与协同机制

良好的责任沟通与协同是确保责任落实的重要保障。企业需建立定期的责任沟通会议制度，如每周召开部门安全例会，每月举行跨部门安全协调会。在会议上，各部门汇报消防安全工作进展，分享经验教训，协调解决存在的问题。例如，当生产部门因设备改造可能影响消防设施时，需在会议上与安全部门沟通，共同制定临时防护措施。此外，利用信息化平台建立责任沟通渠道，员工可通过企业内部 App 及时反馈发现的安全问题，并明确责任归属。通过建立责任沟通与协同机制，打破部门壁垒，形成全员参与、协同作战的良好局面。

2．全面巡查与隐患排查制度

（1）分级分类巡查体系

企业需构建分级分类的巡查体系，实现对消防安全隐患的全面覆盖。巡查可分为日常巡查、专项巡查与综合巡查。日常巡查由基层岗位人员负责，每日对工作区域进行检查，重点关注设备运行状态、物料堆放情况、消防设施完好性等。例如，车间工人在交接班时，需检查设备周边是否有易燃杂物堆积，灭火器压力是否正常。专项巡查由专业技术人员或安全管理人员针对特定风险开展，如每月对电气线路进行绝缘检测，每季度对危化品仓库进行安全评估。综合巡查则由企业管理层带队，联合多个部门，每半年对企业整体消防安全状况进行全面检查，涵盖消防设施、疏散通道、应急预案等各个方面。不同级别的巡查需制定相应的巡查标准与流程，确保巡查工作规范、有序进行。

（2）隐患排查与治理闭环管理

隐患排查工作需建立闭环管理机制。员工在巡查过程中发现隐患后，需立即通过企业消防安全管理平台进行上报，详细描述隐患位置、类型、严重程度等信息，并上传现场照片或视频。平台接收到隐患信息后，自动分配给责任部门或责任人，明确整改期限。责任人员在整改完成后，需将整改情况反馈至平台，并上传整改后的照片或检测报告。安全管理人员对整改情况进行验收，若验收合格，则关闭隐患流程；若不合格，继续督促整改，直至隐患彻底消除。这种闭环管理方式，可确保每一个隐患都能得到及时发现、有效整改，形成“排查—上报—整改—验收”的完整链条。

（3）隐患分析与预防机制

企业不仅要关注隐患的整改，还需对隐患数据进行深入分析，挖掘潜在风险，建立预防机制。利用大数据分析技术，对隐患的类型、发生频率、分布区域等进行统计分析，绘制隐患分布图与趋势图。例如，通过分析发现某一区域的电气火灾隐患频发，进一步研究该区域的用电负荷、设备老化情况等因素，找出根本原因，并采取针对性的预防措施，如增加电气线路巡检频次、更换老化设备等。同时，定期组织隐患分析会议，邀请各部门代表参与，共同探讨隐患产生的原因与预防策略，形成全员参与隐患预防的良好氛围。

3．员工培训与教育制度

（1）分层分类培训体系设计

企业员工培训需建立分层分类的培训体系，以满足不同岗位、不同层次员工的需求。新员工入职培训是基础环节，主要内容包括消防安全基础知识、企业消防安全规章制度、疏散逃生技能等，通过理论讲解与实操演练相结合的方式，新员工快速掌握基本的消防安全知识与技能。在职员工培训则根据岗位性质进行分类，如生产岗位员工重点培训设备防火、动火作业规范；后勤岗位员工学习厨房用火用电安全、宿舍消防管理；管理人员则侧重于消防安全管理策略、应急指挥协调等内容。此外，针对特殊岗位（如电工、焊工），开展专业消防技能培训，确保其具备处理本岗位火灾风险的能力。不同层次的培训需制定相应的课程大纲与考核标准，确保培训效果。

（2）多元化培训方式应用

为增强培训效果，企业需采用多元化的培训方式。传统的课堂教学仍是重要的培训方式之一，但需结合案例分析、视频演示等手段，增强培训的趣味性与实用性。例如，在讲解灭火器使用方法时，通过播放火灾现场的实际案例视频，让员工直观了解正确使用灭火器的重要性。实操培训也是必不可少的环节，企业可设置模拟火灾场景，让员工亲身体验疏散逃生、灭火操作等过程，提高实际操作能力。随着科技的发展，线上培训平台也成为重要的培训工具。企业可开发在线课程，员工利用碎片化时间进行学习，并通过在线测试检验学习效果。此外，还可邀请行业专家、消防专业人士举办讲座，分享最新的消防安全理念与技术，拓宽员工的视野。

（3）培训效果评估与持续改进

培训效果评估是确保培训质量的关键环节。企业需建立多维度的评估体系，包括理论考试、实操考核、行为观察等。理论考试主要考查员工对消防安全知识的掌握程度；实操考核则检验员工的实际操作技能；行为观察通过日常工作中员工的消防安全行为表现，评估培训对员工行为习惯的影响。根据评估结果，对培训效果进行分析总结，找出存在的问题与不足。例如，若发现员工在灭火器使用实操考核中合格率较低，需重新调整培训内容与方式，加强实操训练。同时，建立培训反馈机制，鼓励员工对培训内容、方式等提出建议，根据员工反馈及时优化培训方案，实现培训工作的持续改进。

（二）企业消防安全自主管理应用实践

1．消防设施智能化运维应用

（1）智能监控系统部署

企业可通过部署智能监控系统，实现对消防设施的实时、全面监控。将火灾自动报警系统、自动喷水灭火系统、防排烟系统等关键消防设施接入物联网平台，通过传感器实时采集设备运行数据。例如，在火灾自动报警系统中，烟感、温感探测器将监测到的烟雾浓度、温度数据实时上传至平台；自动喷水灭火系统的水流指示器、压力开关等设备将管网压力、水流状态等信息反馈给平台。平台对这些数据进行分析处理，一旦发现异常，立即发出预警信号，并通过短信、App推送等方式通知相关人员。同时，利用大数据分析技术，对设备运行数据进行趋势预测，提前发现潜在故障，如预测消防水泵的磨损情况，及时安排维护保养，确保设备始终处于良好运行状态。

（2）远程运维与故障诊断

智能监控系统支持远程运维与故障诊断功能。当消防设施出现故障时，技术人员可通过远程登录平台，查看设备故障信息与运行数据，进行初步的故障诊断。例如，当火灾报警系统出现误报时，技术人员可远程调取报警记录、探测器状态等数据，分析误报原因，判断是探测器污染、线路故障还是软件问题。对于一些简单故障，可通过远程操作进行修复，如重启设备、调整参数等；对于复杂故障，则安排专业人员到现场维修。通过远程运维与故障诊断，大大缩短了故障处理时间，提高了消防设施的可靠性。同时，平台还可记录故障处理过程，形成故障案例库，为后续故障处理提供参考。

（3）设施全生命周期管理

企业可借助智能化运维平台，实现消防设施的全生命周期管理。从设施采购、安装调试、日常运行到报废更新，平台记录设施的所有信息与操作记录。在采购阶段，平台可根据企业需求与历史数据，推荐合适的消防设施品牌与型号；安装调试过程中，记录安装人员、调试数据等信息；日常运行阶段，实时监测设施运行状态，生成维护保养计划；当设施达到使用寿命或出现严重故障无法修复时，平台提醒企业进行报废更新，并提供相关的采购建议。通过全生命周期管理，企业能够合理安排设施更新计划，降低运维成本，确保消防设施始终处于最佳性能状态。

2．安全文化建设应用

（1）安全文化理念传播

企业安全文化建设的首要任务是传播安全文化理念，让消防安全深入人心。企业可通过多种渠道进行宣传，如在厂区内设置消防安全宣传栏，张贴消防安全标语、海报；利用企业内部网站、微信公众号等平台，发布消防安全知识、工作动态、事故案例等内容。此外，还可制作消防安全宣传视频、动画等，以生动形象的方式传播消防安全理念。例如，某企业制作了一部以消防卡通形象为主角的动画短片，讲述消防安全知识与应急逃生技巧，在企业内部广泛播放，受到员工的喜爱，有效提高了员工的消防安全意识。同时，企业可开展消防安全主题活动，如举办消防安全知识竞赛、演讲比赛、征文活动等，吸引员工积极参与，营造浓厚的安全文化氛围。

（2）安全行为激励机制

为鼓励员工养成良好的消防安全行为习惯，企业需建立安全行为激励机制。设立安全奖励基金，对在消防安全工作中表现突出的员工给予物质奖励，如发放奖金、提供旅游机会等；对提出创新性消防安全建议并被采纳的员工，给予额外的奖励。同时，将安全行为与员工的职业发展挂钩，在晋升、评优等方面，优先考虑消防安全表现优秀的员工。例如，在企业年度评优中，将消防安全纳入评选标准，对在消防安全工作中做出显著贡献的员工，授予“安全标兵”称号，并给予表彰奖励。此外，企业还可通过荣誉激励的方式，增强员工的成就感和归属感。定期评选“消防安全先进个人”“消防安全优秀团队”等，在企业内部进行表彰和宣传，树立榜样，激发其他员工的竞争意识和参与热情。

（3）安全文化活动开展

丰富多样的安全文化活动是企业安全文化建设的重要载体。企业可定期组织消防安全演练、培训讲座、参观学习等活动。除了常规的应急演练外，还可开展“消防开放日”活动，邀请员工家属、周边社区居民走进企业，了解消防安全知识，体验消防设施操作，增强公众的消防安全意识。此外，企业可与消防部门、行业协会等合作，举办消防安全论坛、研讨会等活动，邀请专家学者、行业精英分享消防安全领域的最新研究成果与实践经验，提升企业的消防安全管理水平。通过开展这些安全文化活动，将消防安全理念融入员工的日常生活与工作中，形成良好的安全文化氛围。

3．应急演练实战化应用

（1）场景化演练设计

企业应急演练需摒弃形式化、套路化的模式，开展场景化、实战化演练。演练场景应根据企业实际风险情况进行设计，涵盖不同类型、不同规模的火灾事故。例如，化工企业可模拟危化品泄漏引发的火灾爆炸事故，设置多个起火点、有毒气体扩散等复杂情况；高层建筑可模拟电梯被困、疏散通道受阻等场景。同时，演练应考虑不同时段、不同天气条件的影响，如夜间演练、暴雨天气演练等，以提高应急队伍在各种复杂环境下的应对能力。在演练过程中，还可设置突发状况，如通信中断、救援设备故障等，考验应急队伍的应变能力和解决问题的能力。通过场景化演练设计，演练更贴近实际，提高演练的真实性和有效性。

（2）多部门协同演练

应急演练是一项系统性工程，需要企业各部门的协同配合。企业应组织生产、安全、设备、后勤、医疗等多个部门参与演练，明确各部门在演练中的职责与任务。例如，生产部门负责组织人员疏散、关闭设备；安全部门负责现场指挥、协调救援力量；设备部门负责保障消防设施正常运行、修复损坏设备；后勤部门负责提供物资保障、维持现场秩序；医疗部门负责伤员救治、现场急救等。在演练前，各部门需进行充分的沟通与协调，制定详细的协同作战方案。演练过程中，各部门密切配合，按照方案有序开展工作，确保演练顺利进行。通过多部门协同演练，提高企业整体应急响应能力，增强部门之间的协作默契。

（3）演练评估与改进

演练结束后，企业需对演练效果进行全面评估。评估内容包括演练目标达成情况、应急响应速度、信息传递效率、资源调配合理性、各部门协同配合程度等。可采用定量与定性相结合的评估方法，通过问卷调查、现场观察、数据分析等方式收集评估数据。例如，通过统计人员疏散时间、灭火设备启动时间等数据，评估应急响应速度；通过观察各部门之间的沟通协调情况，评估协同配合程度。根据评估结果，撰写演练评估报告，总结演练经验教训，分析存在的问题与不足。针对问题制定改进措施，对应急预案进行修订完善，调整应急指挥流程，加强员工培训等。同时，将演练评估结果反馈给相关部门和人员，促进全员对应急工作的重视与改进，实现应急演练的持续优化。

企业消防安全自主管理制度与应用是企业实现消防安全管理目标的关键环节。科学完备的制度为企业消防安全工作提供了行动指南与规范标准，而灵活多样的应用实践则将制度转化为实际效能。通过不断完善制度体系，创新应用方式，企业能够有效提升消防安全管理水平，降低火灾风险，保障员工生命财产安全，实现企业的可持续发展。同时，企业的实践经验也将为社会整体消防安全管理提供有益借鉴，推动消防安全事业不断向前发展。

三、企业消防安全自主管理存在的问题

尽管企业消防安全自主管理在理论构建与实践探索中取得了一定进展，但在实际运行过程中，仍存在诸多深层次矛盾与现实困境。这些问题不仅制约着企业自身安全管理效能的提升，更可能引发系统性风险，威胁企业的可持续发展。深入剖析这些问题的根源与表现形式，是推动企业消防安全管理体系优化升级的必要前提。

（一）责任意识淡薄与落实虚化

1. 管理层认知偏差与短视行为

部分企业管理层对消防安全的重要性缺乏深刻认知，存在明显的“重效益、轻安全”倾向。这种认知偏差源于对消防安全投入产出比的错误判断，将消防设施维护、员工培训等视为“非生产性成本”，认为其无法直接带来经济效益。例如，某制造企业为压缩成本，连续3年未对自动喷水灭火系统进行全面检测，导致管网锈蚀严重，关键阀门无法正常开启。更有企业管理层存在侥幸心理，认为火灾事故发生概率极低，不愿投入资源进行风险预防，仅

在消防检查前进行临时整改，检查结束后便恢复原状，形成“应付式”管理模式。这种短视行为使得企业长期处于高风险状态，一旦发生火灾，将面临巨大的经济损失与声誉危机。

2．责任链条断裂与推诿现象

企业虽建立了形式上的消防安全责任制度，但在实际执行中，责任传递链条存在严重断裂。从高层到基层，责任划分模糊、界限不清，导致出现问题时相互推诿。例如，某企业仓库发生火灾隐患，安全部门认为是生产部门物料堆放不当所致，生产部门则指责仓储部门管理失职，而仓储部门又将责任归咎于设备老化。此外，部分管理人员对自身职责缺乏清晰认知，将消防安全工作简单等同于“贴标语、填表格”，未能真正履行监督、指导职责。一线员工则普遍存在“事不关己”的心态，认为消防安全是管理层或安全部门的任务，自身仅需完成生产工作，导致责任落实流于形式。

3．考核机制失效与激励缺失

现有的消防安全考核机制普遍存在设计不合理、执行不到位的问题。考核指标往往过于笼统，缺乏量化标准，难以准确衡量员工的工作成效。例如，“消防安全工作表现良好”等模糊表述无法为员工提供明确的改进方向。同时，考核过程中存在“走过场”现象，人情因素干扰严重，导致考核结果无法真实反映实际工作情况。此外，激励机制缺失或力度不足，表现优秀的员工得不到应有的奖励，而履职不到位的员工也未受到相应处罚，使得员工缺乏主动参与消防安全管理的动力，形成“干好干坏一个样”的消极氛围。

（二）专业能力不足与管理滞后

1．安全管理人员素质参差不齐

企业安全管理人员的专业能力普遍难以满足实际需求。许多安全管理人员缺乏系统的消防专业教育背景，仅通过短期培训获取基础知识，对消防设施原理、火灾风险评估方法、应急处置流程等缺乏深入理解。例如，在处理火灾报警系统误报问题时，部分管理人员无法准确判断故障原因，只能依赖外部技术人员。此外，随着消防技术的快速发展，智能消防设备、物联网系统等新型技术不断应用，但安全管理人员的知识更新速度滞后，难以有效驾驭这些新技术，导致设备维护不及时、系统运行效率低下。

2．管理方法落后与技术应用不足

传统的“经验式”“粗放式”管理方法在企业中仍占主导地位，缺乏科学的管理工具与手段。日常巡查多采用人工记录方式，存在漏检、错检现象，且数据难以进行系统性分析。隐患排查停留在表面，对潜在风险缺乏深入挖掘能力。例如，某企业虽定期开展电气线路检查，但仅通过肉眼观察线路外观，未能发现绝缘层老化等隐蔽性问题。此外，企业对先进技术的应用积极性不高，部分企业认为智能化消防设备成本过高，不愿进行技术升级，导致管理效率低下，无法及时发现和处理安全隐患。

3．应急预案与实际脱节

企业制定的应急预案普遍存在“重形式、轻实用”的问题。预案内容多照搬模板，缺乏针对性和可操作性，与企业实际风险情况脱节。例如，某化工企业的应急预案中，对危化品泄漏火灾的处置流程描述过于笼统，未明确不同化学品的特性及相应的处置方法。同时，预案缺乏动态更新机制，未根据企业生产工艺变化、设备更新等情况及时调整，导致预案在实际应急中无法发挥有效指导作用。此外，应急演练形式化严重，多为“走流程”式演练，未设置真实复杂的场景，员工无法在演练中提升实际应对能力。

（三）资金投入短缺与设施老化

1．资金分配失衡与投入不足

企业在资金分配上存在明显的失衡现象，消防安全投入长期处于边缘化地位。中小企业由于资金紧张，往往将有限的资源优先投入生产设备更新、市场拓展等领域，对消防设施维护、员工培训等投入严重不足。即使是大型企业，也存在对消防安全投入“能省则省”的心态。例如，某大型商业综合体为降低成本，将消防设施维护外包给低价服务商，导致设备维护质量无法保证。此外，企业对消防安全投入的持续性缺乏规划，多采取“应急式”投入，仅在面临消防检查或发生事故后才进行一次性整改，未能形成稳定的资金投入机制。

2．消防设施老化与带病运行

由于资金投入不足，企业消防设施老化问题日益严重。灭火器过期未更换、消火栓阀门锈蚀、火灾报警系统灵敏度下降等现象普遍存在。部分企业为节省成本，甚至使用不符合安全标准的消防产品，进一步加剧了安全隐患。例如，某企业为降低采购成本，购买了假冒伪劣的防火门，其耐火性能远不达标，在火灾发生时无法起到阻隔火势的作用。此外，一些企业对消防设施的维护保养不重视，未按照规定的周期和标准进行检查、维修，导致设备长期“带病运行”，关键时刻无法正常发挥作用。

3．技术升级困难与成本压力

随着消防技术的不断进步，新型消防设备和技术层出不穷，但企业在技术升级方面面临巨大困难。一方面，智能化消防设备价格昂贵，企业难以承担高额的采购成本。例如，一套完整的智慧消防物联网系统，从硬件设备到软件平台，采购和安装费用高达数百万元。另一方面，技术升级后的运维成本也大幅增加，企业需要投入资金进行人员培训、系统维护等工作。对于中小企业而言，这些成本压力难以承受，导致其只能继续使用老旧设备，消防安全水平与行业先进水平差距不断拉大。

（四）员工参与度低与培训失效

1．参与动力不足与积极性缺失

员工参与消防安全管理的积极性普遍较低，缺乏内在动力。部分员工认为消防安全工作与自身利益无关，不愿花费时间和精力参与其中。企业缺乏有效的激励机制，员工参与消防安全工作得不到物质奖励或职业发展机会，导致参与热情不高。例如，某企业虽设立了“安全隐患举报奖”，但奖金数额极低，且兑现周期长，无法激发员工的积极性。此外，一些企业对员工的建议和意见不够重视，员工即使发现安全隐患或提出改进建议，也未得到及时反馈和处理，进一步挫伤了员工的参与积极性。

2．培训内容与实际脱节

企业开展的消防安全培训内容普遍存在“重理论、轻实践”“重知识、轻技能”的问题。培训多以理论讲解为主，缺乏实际案例分析和操作演示，员工难以将所学知识应用到实际工作中。例如，在灭火器使用培训中，仅通过PPT讲解操作步骤，未安排员工进行实际操作练习，导致员工在火灾发生时仍不会正确使用灭火器。此外，培训内容更新缓慢，未能及时反映行业最新技术和标准，与企业实际需求脱节。例如，一些企业仍在使用多年前的培训教材，内容已无法适应当前消防安全管理的要求。

3．培训方式单一与效果不佳

培训方式过于单一，多采用“填鸭式”授课，员工被动接受知识，参与度低。传统的课堂教学缺乏互动性和趣味性，员工容易产生疲劳和厌倦情绪。线上培训平台虽提供了学习便利性，但缺乏有效的监督和考核机制，员工学习质量难以保证。例如，某企业要求员工通过线上平台学习消防安全课程，但未设置强制学习时间和考核要求，导致部分员工敷衍了事，学习效果大打折扣。此外，培训效果评估机制不完善，多以简单的考试成绩作为评估标准，无法全面衡量员工的实际能力提升情况，难以发现培训中存在的问题并进行改进。

企业消防安全自主管理中存在的责任落实虚化、专业能力不足、资金投入短缺、员工参与度低等问题，已成为制约企业消防安全水平提升的瓶颈。这些问题相互交织、相互影响，形成恶性循环，严重威胁企业的生产经营安全。若不及时采取有效措施加以解决，不仅企业自身将面临巨大的风险，也会对社会公共安全造成潜在威胁。唯有正视问题、深入剖析，方能找到切实有效的解决方案，推动企业消防安全管理迈向更高水平。

四、企业消防安全自主管理问题的解决方法

针对企业消防安全自主管理中存在的责任意识淡薄、专业能力不足、资金投入短缺、员工参与度低等问题，需要系统性、针对性地提出解决方案。这些方案并非孤立存在，而是相互关联、层层递进，旨在从根本上扭转企业消防安全管理的被动局面，构建起长效、可靠的自主管理体系。通过多维度、全方位的改进措施，企业不仅能够提升自身抵御火灾风险的能力，也将为社会整体消防安全水平的提升贡献力量。

（一）强化责任意识与落实机制

1．高层引领与文化塑造

企业高层管理者需将消防安全纳入企业战略规划，将其视为与生产、经营同等重要的核

心工作。高层应定期主持召开消防安全专题会议，亲自部署消防安全工作任务，明确年度消防安全目标，并确保相关资源的优先配置。例如，企业负责人可每年制定详细的消防安全预算计划，优先保障消防设施更新、员工培训等关键项目的资金需求。同时，高层管理者要以身作则，带头遵守消防安全规定，积极参与消防演练和培训活动，通过自身的示范作用，向全体员工传递消防安全的重要性。

在企业文化建设中，应将消防安全理念深度融入企业价值观体系。通过企业内部刊物、宣传栏、电子屏等多种渠道，广泛宣传消防安全知识和企业消防安全目标。设立“消防安全文化周”，开展主题演讲、征文比赛等活动，鼓励员工分享对消防安全的理解和建议，营造全员重视消防安全的浓厚氛围。通过文化的潜移默化作用，消防安全意识成为企业全体员工的共同认知和自觉行动。

2．责任细化与动态考核

进一步完善企业消防安全责任制度，将责任细化到每个岗位、每个环节。制定详细的岗位消防安全职责说明书，明确各岗位在日常检查、隐患整改、应急处置等方面的具体任务和要求。例如，在生产车间，设备操作员需负责设备日常运行中的消防安全检查，班组长则需对整个班组的消防安全工作进行监督和管理。同时，建立责任追溯机制，一旦发生消防安全问题，能够迅速查明责任主体，确保责任落实到位。

建立动态化的考核机制，将消防安全责任落实情况纳入员工绩效考核体系。设置科学合理的考核指标，如隐患整改完成率、消防设施完好率、应急演练参与度等。定期对员工的消防安全工作进行评估，对表现优秀的员工给予物质奖励和精神表彰，如颁发“消防安全标兵”称号、给予奖金激励等；对责任落实不到位的员工进行相应处罚，如扣减绩效奖金、进行岗位调整等。通过考核机制的激励和约束作用，推动员工主动履行消防安全责任。

（二）提升专业能力与管理水平

1．专业人才培养与引进

加强企业内部安全管理人员的专业培训，建立分层分类的培训体系。针对新入职的安全管理人员，开展为期数周的基础培训，内容涵盖消防法规、消防设施操作、火灾风险评估等基础知识；对于有一定经验的管理人员，组织参加高级培训课程，如消防安全管理策略、智能消防系统应用等。培训方式应多样化，包括课堂教学、案例分析、实地考察、模拟演练等。例如，组织安全管理人员到消防安全管理先进企业参观学习，借鉴其成功经验；开展消防设施操作技能竞赛，提高管理人员的实际操作能力。

积极引进专业的消防安全人才，充实企业安全管理队伍。企业可通过与高校、职业院校合作，定向招聘消防工程、安全工程等相关专业的毕业生；也可从行业内高薪聘请具有丰富经验的消防安全专家。同时，为专业人才提供良好的职业发展空间和待遇，如设立晋升通道、提供培训深造机会等，确保人才引得进、留得住。

2．管理模式创新与升级

引入先进的消防安全管理理念和方法，推动企业管理模式从传统粗放式向精细化、智能化转变。采用PDCA（计划—执行—检查—处理）循环管理模式，对消防安全工作进行全过程管理。在计划阶段，制定详细的消防安全工作计划和目标；执行阶段，严格按照计划落实各项工作任务；检查阶段，定期对工作执行情况进行检查和评估；处理阶段，针对检查中发现的问题，及时采取整改措施，并总结经验教训，为下一轮循环提供参考。

借助信息化技术，搭建智能化消防安全管理平台。该平台可集成消防设施监控、隐患排查治理、应急管理、培训教育等功能模块。通过传感器实时采集消防设施运行数据，实现对消防设施的远程监控和故障预警；利用大数据分析技术，对隐患数据进行深度挖掘，预测火灾风险，提前采取防范措施。例如，某企业通过智能化管理平台，将消防设施的巡检记录、维护保养记录等数据进行整合分析，及时发现设备运行中的潜在问题，提高了管理效率和准确性。

（三）保障资金投入与设施更新

1．多元化资金筹措

企业应加大自身在消防安全方面的资金投入，将消防安全预算纳入企业年度财务计划，并确保预算的足额落实。同时，积极探索多元化的资金筹措渠道。一方面，争取政府部门的支持，申请消防安全相关的财政补贴、专项资金。例如，对于采用新型消防技术和设备的企业，政府可能会给予一定的资金补贴；对于老旧厂房的消防改造项目，也可能有专项资金支持。另一方面，与金融机构合作，争取低息贷款或融资支持。例如，企业可将消防安全项目作为优质资产进行融资，用于消防设施的更新和维护。

此外，企业还可通过内部挖潜，优化资金使用效率。例如，通过节能降耗、提高生产效率等方式，降低企业运营成本，将节省下来的资金投入到消防安全领域。同时，鼓励员工提出合理化建议，对能够有效降低消防安全成本的建议给予奖励，形成全员参与资金节约的良好氛围。

2．设施升级与智能改造

制定科学合理的消防设施更新计划，按照“先急后缓、分步实施”的原则，逐步对老旧、落后的消防设施进行升级改造。优先更换存在安全隐患、无法正常运行的消防设施，如过期的灭火器、损坏的火灾报警系统等。在选择消防设施时，应优先考虑技术先进、性能可靠、节能环保的产品，如智能型火灾报警系统、新型环保灭火药剂等。

推动消防设施的智能化改造，实现消防设施的自动化运行和远程监控。例如，将传统的消火栓系统改造为智能消火栓系统，通过安装传感器，实时监测消火栓的水压、阀门状态等信息，并将数据上传至管理平台。一旦发现异常，系统能够自动报警，并通知相关人员进行处理。同时，利用物联网技术，将各类消防设施连接成一个有机整体，实现消防设施的联动控制，提高火灾防控的自动化水平。

（四）提高员工参与度与培训实效

1．激励机制构建

建立健全员工参与消防安全管理的激励机制，充分调动员工的积极性和主动性。设立消防安全奖励基金，对在消防安全工作中表现突出的员工给予物质奖励，如发放奖金、提供旅游奖励等；对提出创新性消防安全建议并被采纳的员工，给予额外的奖励。同时，将消防安全表现与员工的职业发展挂钩，在晋升、评优等方面，优先考虑消防安全工作表现优秀的员工。例如，在企业内部晋升机制中，将消防安全考核结果作为重要的参考指标之一。

此外，还可通过荣誉激励的方式，增强员工的成就感和归属感。定期评选“消防安全先进个人”“消防安全优秀团队”等，在企业内部进行表彰和宣传，树立榜样，激发其他员工的竞争意识和参与热情。

2．培训体系优化

优化员工消防安全培训体系，提高培训的针对性和实效性。在培训内容设计上，充分考虑不同岗位的特点和需求，制定个性化的培训方案。例如，对于一线生产员工，重点培训岗位火灾风险识别、初期火灾扑救技能、疏散逃生方法等；对于管理人员，培训内容则侧重于消防安全管理策略、应急指挥协调等方面。同时，结合实际案例，开展案例分析教学，让员工更直观地了解火灾事故的危害和应对方法。

创新培训方式，采用线上线下相结合的模式。线上利用企业内部学习平台，发布消防安全课程、视频资料等，供员工自主学习；线下组织开展集中培训、实操演练、模拟火灾逃生等活动，增强员工的实际操作能力和应急反应能力。例如，企业可利用 VR 技术，模拟真实的火灾场景，让员工在虚拟环境中进行逃生演练和灭火操作，提高培训的趣味性和效果。此外，定期对员工进行培训效果评估，通过理论考试、实操考核等方式，检验员工对培训内容的掌握程度，并根据评估结果调整培训计划，确保培训取得实效。

企业消防安全自主管理问题的解决是一项长期而艰巨的任务，需要企业从多个层面、多个角度持续发力。通过强化责任意识、提升专业能力、保障资金投入、提高员工参与度等一系列措施的综合实施，逐步构建起完善的消防安全自主管理体系。只有这样，企业才能有效防范火灾风险，保障员工生命财产安全，实现企业的可持续发展，同时也为社会的安全稳定做出积极贡献。

企业消防安全自主管理是构筑社会消防安全防线的关键基石，贯穿于风险预防、应急处置与安全文化塑造的全过程。从功能定位的前瞻性规划，到管理制度的系统性构建，再到应用实践的创新性探索，每个环节都深刻影响着企业抵御火灾风险的能力。尽管当前存在责任落实虚化、专业能力不足、资金投入短缺等诸多挑战，但这些问题既是困境，更是推动行业革新的契机。通过强化责任体系、提升专业素养、优化资源配置、激发全员参与，企业能够逐步构建起动态化、智能化、全员化的消防安全管理体系。这不仅是企业实现可持续发展的内在要求，更是履行社会责任、维护公共安全的必然选择。未来，随着技术进步与管理理念的深化，企业消防安全自主管理必将迈向更高水平，为社会的和谐稳定与长治久安贡献坚实力量。

第二节　社区消防网格化治理模式

在城市建设不断推进、社区规模日益扩大且功能愈发复杂的当下，消防安全已成为社区治理的关键环节。传统消防管理模式在面对社区内多样化的建筑类型、复杂的人员结构以及分散的火灾隐患时，逐渐暴露出管理粗放、响应迟缓、覆盖不足等弊端。社区消防网格化治理模式作为一种创新的基层消防管理手段，将社区划分为若干个网格单元，力图将消防管理的触角延伸至社区的每一个角落，实现消防管理的精细化、精准化与高效化。通过整合社区内各类资源，明确各网格的管理责任，构建起全方位、多层次的社区消防防控体系，从而有效预防和遏制社区火灾事故的发生，保障居民的生命财产安全和社区的和谐稳定发展。

一、社区消防网格化治理体系构建

（一）社区消防网格化划分原则与方法

1．划分原则

（1）因地制宜

依据社区的地理布局、建筑分布、人口密度等实际情况进行网格划分。例如，对于老旧城区的社区，建筑年代久远、街巷狭窄且居民居住密集，可按照街巷走向、居民楼分布情况划分网格，确保每个网格内的消防管理难度相对均衡。而对于新建的现代化社区，有较为规整的小区规划和物业管理，可结合小区的物业管理区域进行网格划分，便于与现有的物业管理体系协同工作。

（2）规模适度

综合考虑消防管理资源的配置和网格管理的实际效能，确定合适的网格规模。一般来说，每个网格的面积不宜过大或过小。面积过大，可能导致管理人员无法及时全面地掌握网格内的消防情况，难以及时有效应对突发火灾事件；面积过小，则会增加管理成本，造成资源浪费。通常，以能够在 15 min 内完成一次全面的网格巡查为标准，确定网格的边界和范围。

（3）无缝覆盖

确保社区内所有区域都被纳入网格管理范围，消除消防管理的空白地带。无论是社区内的居民住宅区、商业店铺集中区，还是公园、学校等公共场所，都要合理划分到相应网格，实现社区消防管理的全覆盖。

2．划分方法

（1）GIS 辅助

利用 GIS 技术，对社区的地理信息进行数字化处理，包括地形地貌、道路分布、建筑位置等。通过在电子地图上进行可视化操作，精确划分网格边界，并标注每个网格的编号、面积、主要建筑类型等信息。例如，在某大型社区的网格化划分中，借助 GIS 技术，将社区内的主干道、次干道作为网格划分的重要参考依据，将社区划分为 20 个网格单元，每个网格的信息都清晰直观地呈现在 GIS 系统中，方便后续的消防管理工作。

（2）结合行政区域与功能分区

参考社区内已有的行政区域划分，如居委会管辖范围，同时考虑社区的功能分区，如商业区、住宅区、工业区等。将两者有机结合，使网格划分既便于行政管理，又能针对不同功能区域的火灾风险特点进行差异化管理。例如，在一个既有商业区又有住宅区的社区，将商业区单独划分为一个或多个网格，因其火灾荷载大、人员流动频繁，可配备更多的消防管理资源；住宅区则根据居住规模和建筑布局划分为若干网格，重点关注居民的日常用火用电安全。

（二）社区消防网格治理组织架构与职责分工

1．组织架构

（1）区级消防指挥中心

区级消防指挥中心作为社区消防网格化治理的最高指挥协调机构，负责统筹全区范围内的社区消防工作。它整合了消防部门、应急管理部门、公安部门等多部门的信息和资源，对各社区网格上报的重大火灾隐患、火灾事故等进行统一指挥和调度。例如，在发生大规模火灾时，区级消防指挥中心能够迅速调配全区的消防车辆、人员和物资，协调各部门开展灭火救援行动。

（2）街道（乡镇）消防管理中心

在区级消防指挥中心的领导下，街道（乡镇）消防管理中心负责本街道（乡镇）内社区消防网格化治理的具体实施。它对街道（乡镇）内各社区网格进行业务指导和监督，定期组织网格管理人员培训，收集和分析各网格上报的消防信息，及时向区级消防指挥中心汇报重要情况，并协调解决社区消防工作中的难点问题。例如，街道消防管理中心每月组织一次网格管理员的消防业务培训，提升其专业技能；对于社区内一些难以整改的重大火灾隐患，街道消防管理中心应积极寻求相关部门的协助，推动问题解决。

（3）社区网格管理单元

这是社区消防网格化治理的最基层单元，每个网格配备网格长、网格员等管理人员。网格长一般由社区工作人员或物业管理人员担任，全面负责本网格的消防管理工作；网格员则由社区志愿者、物业安保人员等组成，负责具体的消防巡查、隐患排查、宣传教育等工作。例如，在一个社区网格中，网格长每天对网格员的工作进行安排和指导，网格员按照规定的巡查路线和内容，对网格内的居民楼、商铺等进行日常消防巡查。

2．职责分工

（1）区级消防指挥中心职责

制定全区社区消防网格化治理的政策、规划和标准；建立健全消防信息共享平台，整合各类消防数据；组织开展全区性的消防演练和应急救援行动；对街道（乡镇）消防管理中心和社区网格管理单元的工作进行考核评价。例如，区级消防指挥中心每年制定社区消防工作考核指标体系，对各街道（乡镇）和社区网格的消防工作进行量化考核，考核结果作为政府部门和相关人员绩效评价的重要依据。

（2）街道（乡镇）消防管理中心职责

贯彻落实区级消防指挥中心的工作部署；组织开展本街道（乡镇）内社区消防宣传教育活动，提高居民消防安全意识；对社区网格上报的火灾隐患进行汇总分析，督促网格单元进行整改，并对整改情况进行跟踪复查；协调本街道（乡镇）内相关部门，联合开展消防执法检查等工作。例如，街道消防管理中心每月组织一次消防安全宣传活动，深入社区向居民普及消防知识；对于社区内长期存在的消防通道被占用问题，街道消防管理中心联合公安、城管等部门开展专项整治行动。

（3）社区网格管理单元职责

开展日常消防巡查，及时发现并上报火灾隐患；对居民和商户进行消防安全宣传教育，督促其遵守消防安全规定；协助消防部门进行火灾事故调查和处理；组织网格内的小型消防演练，提高居民的应急逃生能力。例如，网格员在日常巡查中发现某居民楼楼道内堆放了大量杂物，存在火灾隐患，立即拍照上报给网格长，并与该居民沟通，督促其清理杂物；网格长定期组织网格内居民进行消防演练，模拟火灾发生场景，指导居民正确使用灭火器和疏散逃生。

二、社区消防网格化运行机制完善

（一）社区消防的日常巡查与隐患排查机制

1．巡查计划制定

（1）差异化巡查频次

根据网格内建筑类型、火灾风险等级等因素，制定差异化的巡查计划。对于火灾风险较高的区域，如老旧居民楼集中区、商业步行街等，增加巡查频次。例如，老旧居民楼由于电气线路老化、消防设施不完善等原因，火灾风险相对较高，对这类区域的网格每天进行一次全面巡查；而对于新建住宅小区，若消防设施完备、居民消防安全意识较高，可每周进行2~3次巡查。

（2）明确巡查内容

详细规定巡查内容，涵盖消防设施设备、用火用电安全、疏散通道畅通情况等多个方面。在消防设施设备方面，检查消火栓是否有水、灭火器是否在有效期内、火灾自动报警系统是否正常运行等；用火用电安全方面，查看居民和商户是否存在违规使用大功率电器、私拉乱接电线、在禁火区域动火等行为；疏散通道方面，检查楼梯间、安全出口是否被杂物堵塞，疏散指示标志和应急照明是否完好等。例如，网格员在巡查某商业店铺时，要检查店铺内的电气线路是否穿管保护、厨房的燃气使用是否规范、疏散通道是否设置了障碍物等。

2．隐患排查与上报流程

（1）现场初步判断

网格员在巡查过程中，一旦发现可能的火灾隐患，立即进行现场初步判断。依据消防法律法规和相关标准，评估隐患的严重程度。例如，发现某居民楼的消防栓阀门损坏无法正常出水，网格员判断这属于较为严重的消防设施故障隐患，可能影响火灾发生时的灭火救援工作。

（2）信息采集与上报

对于确定的火灾隐患，网格员详细采集相关信息，包括隐患位置、具体情况描述、发现时间等，并通过手机App或专用网格管理信息平台及时上报给网格长。同时，拍摄现场照片作为隐患证据一并上传。例如，网格员在发现某小区内有居民在楼道内停放电动车并充电这一隐患后，立即通过手机App上传隐患信息，详细描述了电动车停放的具体楼层和位置，并上传了现场照片。网格长收到上报信息后，对隐患进行审核，确认无误后上报至街道（乡镇）消防管理中心。

（3）建立隐患台账

街道（乡镇）消防管理中心对各网格上报的火灾隐患进行汇总，建立详细的隐患台账。台账记录每个隐患的基本信息、上报时间、整改期限、整改责任人等内容，实现对火灾隐患的全程跟踪管理。例如，对于某社区网格上报的一处商业建筑消防通道被长期占用的隐患，街道（乡镇）消防管理中心将其录入隐患台账，明确要求该商业建筑的管理方在一周内完成整改，并指定专人负责跟踪整改情况。

（二）社区消防的宣传与教育培训机制

1．宣传内容定制化

（1）针对不同群体

根据社区内居民、商户、学校师生等不同群体的特点和需求，定制个性化的消防宣传内容。对于居民，重点宣传家庭用火用电安全知识、火灾发生时的逃生自救方法等。例如，制作以家庭厨房火灾预防、电气设备正确使用为主题的宣传资料，向居民发放。对于商户，宣传商业场所的消防安全管理规定、消防设施的维护和使用方法等。如组织商户参加商业场所消防安全培训，讲解如何在店铺内合理配置灭火器、如何应对初期火灾等知识。对于学校师生，开展消防安全知识进校园活动，通过举办消防安全主题班会、消防知识竞赛等形式，向学生传授火灾报警、疏散逃生等基本消防常识。

（2）结合季节特点

根据不同季节的火灾风险特点，调整消防宣传内容。在冬季，由于天气寒冷，居民用火用电增加，火灾风险上升，重点宣传冬季防火知识，如电暖器、火炉等取暖设备的正确使用方法，以及预防电气火灾和一氧化碳中毒的注意事项。在夏季，气温高、雷雨天气多，宣传内容则侧重于易燃易爆物品的安全管理、防雷击知识以及夏季火灾高发场所的防火措施等。例如，在夏季高温时段，向社区内的加油站、化工厂等易燃易爆场所发放夏季防火安全提示，提醒其加强设备维护和管理。

2．培训方式多样化

（1）集中授课

消防部门的专业人员、街道（乡镇）消防管理中心的工作人员或消防专家，定期组织社区居民、商户、物业管理人员等进行集中授课。通过讲解消防法律法规、火灾案例分析、消防设施设备的操作使用等内容，提高受众的消防安全意识和专业知识水平。例如，每季度组织一次社区消防安全集中培训，邀请消防专家为居民和商户讲解火灾发生的原因、预防措施以及火灾发生时的应对方法，并设置了互动环节，解答大家在日常生活中遇到的消防安全问题。

（2）实地演练

组织社区居民和相关人员进行实地消防演练，模拟火灾发生场景，让参与者亲身体验火灾发生时的紧张氛围，掌握正确的疏散逃生方法和灭火技能。演练内容包括火灾报警、疏散逃生、灭火器和消火栓的使用等。例如，在某社区组织的一次消防演练中，模拟居民楼发生火灾的场景，社区居民在网格员的引导下，用湿毛巾捂住口鼻，低姿有序地疏散到安全区域，随后，消防人员现场演示了灭火器和消火栓的正确使用方法，并邀请居民上台进行实际操作，提高居民的实际动手能力。

（3）新媒体宣传

充分利用微信公众号、抖音、微博等新媒体平台，发布消防安全知识、火灾案例视频、消防科普动画等内容，以生动形象、易于传播的方式扩大消防宣传的覆盖面和影响力。例如，某社区创建了自己的消防安全微信公众号，定期推送消防安全知识文章、短视频，如“家庭消防安全十大提示”“电动车充电安全须知”等内容，吸引了大量居民关注和转发；同时，利用抖音等短视频平台发布消防演练、消防知识讲解的短视频，以更直观的方式向居民普及消防知识。

（三）社区消防的应急响应与协同处置机制

1. 应急响应流程

（1）火灾报警与信息传递

当社区内发生火灾时，发现人员立即拨打 119 报警电话，并同时向所在网格的网格长报告。网格长接到报告后，迅速将火灾信息上报至街道（乡镇）消防管理中心和区级消防指挥中心，同时组织网格内的应急救援力量，如网格员、社区志愿者等，赶赴火灾现场进行初期扑救和人员疏散。例如，在某社区某居民楼发生火灾时，附近居民第一时间拨打 119 报警，并通知了网格长。网格长立即通过网格管理信息平台向街道（乡镇）消防管理中心和区级消防指挥中心报告火灾情况，同时带领网格员携带灭火器等简易灭火设备前往火灾现场。

（2）响应级别确定

区级消防指挥中心根据火灾的规模、火势发展情况、周边环境等因素，迅速确定应急响应级别。一般分为三级响应，一级响应针对小型火灾，火势较易控制，由街道（乡镇）消防管理中心组织本街道内的消防力量进行扑救；二级响应针对中型火灾，火势有一定蔓延趋势，需要区级消防指挥中心协调多个街道的消防力量参与扑救；三级响应针对大型火灾，火势凶猛、可能造成重大人员伤亡和财产损失，启动全区范围内的应急救援预案，调动全区消防、公安、医疗、交通等多部门力量协同作战。例如，在某社区发生的一起火灾中，由于发生在老旧居民楼，建筑耐火等级低，且周边道路狭窄，消防车辆通行困难，区级消防指挥中心经评估后确定为二级响应，迅速调集周边街道的消防车辆和人员前往支援。

（3）现场指挥与扑救

消防人员到达火灾现场后，成立现场指挥部，由消防部门负责人担任指挥长，统一指挥现场的灭火救援行动。现场指挥部根据火灾现场情况，制定灭火救援方案，合理调配消防车辆、人员和装备，组织开展灭火、救人、疏散物资等工作。例如，在火灾扑救过程中，消防人员利用消防车的高压水枪对火势进行压制，同时组织搜救小组进入楼内搜救被困人员；网格员和社区志愿者则在现场协助维护秩序，引导居民疏散，确保疏散通道畅通。

2. 协同处置机制

（1）部门间协同

建立健全消防部门与公安、医疗、交通、供水、供电等部门的协同处置机制。在火灾发生时，各部门按照职责分工，迅速开展工作。公安部门负责维护火灾现场及周边地区的治安秩序，疏散围观群众，确保消防通道畅通；医疗部门在现场附近设立医疗救护点，对受伤人员进行紧急救治；交通部门对火灾周边道路进行交通管制，保障消防车辆和救援物资的快速通行；供水部门确保消防用水的充足供应，供电部门根据现场情况进行电力调度，保障消防设施和救援设备的正常运行。例如，在某社区火灾事故中，公安部门在火灾现场周边设置警戒线，疏散了大量围观群众，维持现场秩序；医疗部门及时对多名受伤居民进行救治，将重伤员送往附近医院；交通部门对周边道路进行临时管制，使消防车辆能够迅速抵达火灾现场，为灭火救援工作争取宝贵时间。

（2）社区内部协同

加强社区内网格管理单元、物业公司、业主委员会等各方力量的协同配合。在火灾预防阶段，网格管理员与物业公司安保人员共同开展消防巡查和隐患排查工作，业主委员会积极参与社区消防宣传活动，向业主宣传消防安全知识，提高业主的消防安全意识。在火灾发生时，网格管理单元组织人员进行初期扑救和人员疏散，物业公司提供消防设施设备、建筑图纸等信息，协助消防部门开展灭火救援工作，业主委员会配合做好受灾居民的安抚和安置工作。例如，在某社区的消防工作中，网格管理员和物业公司安保人员每周联合开展一次消防巡查，及时发现并整改了多处火灾隐患；在一次火灾发生后，业主委员会积极协助社区工作人员，对受灾居民进行安抚和安置，为受灾居民提供生活物资等帮助。

三、社区消防智慧化建设与创新实践

（一）社区消防信息化管理平台建设

1. 平台功能模块设计

（1）网格信息管理模块

集中存储和管理各社区网格的基础信息，包括网格边界、面积、建筑分布、人口数量、消防设施位置及状态等。通过 GIS 技术，以直观的地图形式展示网格信息，方便管理人员快速了解各网格的基本情况。例如，在平台的地图界面上，点击任意一个网格，即可弹出该网格的详细信息窗口，显示网格内的居民楼数量、商业店铺数量、消防栓位置等信息，为消防管理决策提供基础数据支持。

（2）巡查与隐患管理模块

实现对日常消防巡查工作的信息化管理。网格员通过手机 App 或电脑端，按照规定进行巡查任务的接收、执行和记录。在巡查过程中，发现火灾隐患可直接在平台上进行上报，包括隐患描述、位置信息和照片等。平台对隐患进行分类、分级管理，跟踪隐患的整改过程，记录整改责任人、整改措施、整改期限和整改结果等信息。例如，网格员在巡查中发现某商铺存在电线私拉乱接现象时，通过手机 App 将隐患信息上传至平台，平台自动对该隐患进行编号，并根据隐患严重程度进行分级，同时向负责该区域整改的责任人发送整改通知，责任人在整改完成后，将整改情况反馈至平台，平台对整改结果进行审核和记录。

（3）消防宣传教育模块

用于发布消防宣传资料、培训计划、活动通知等内容。居民、商户等可以通过平台获取消防安全知识、观看消防宣传视频、报名参加消防培训和演练活动等。平台还可以对消防宣传教育活动的效果进行评估，通过问卷调查、在线测试等方式，收集参与者的反馈意见，了解其对消防知识的掌握程度和对活动的满意度。例如，平台发布了一场线上消防安全知识讲座的通知，居民可以在线报名参加，讲座结束后，系统自动推送一份问卷调查，收集居民对讲座内容、讲解方式等方面的评价，以便后续优化宣传教育活动。

（4）应急指挥调度模块

在火灾等紧急情况发生时，该模块发挥关键作用。它整合了火灾报警信息、网格内人员分布、消防设施状态、周边交通状况等多源数据，为应急指挥提供全面的数据支持。通过可视化界面，指挥人员可以实时掌握火灾现场及周边情况，快速制定救援方案，调度消防车辆、人员和物资。例如，当接到某社区的火灾报警后，应急指挥调度模块立即在地图上显示火灾发生的具体位置，同时展示周边可用的消防栓、消防车辆的位置和状态，以及附近医院的位置等信息，指挥人员根据这些信息迅速调配最近的消防力量前往救援，并协调医疗部门做好救援准备。

2．数据整合与共享

（1）多源数据接入

平台整合了来自消防部门、社区、物业、公安等多个部门和机构的数据。消防部门提供消防设施检测数据、火灾事故统计数据等；社区和物业提供居民信息、建筑信息、日常巡查数据等；公安部门提供人口信息、治安状况数据等。通过建立数据接口，实现不同数据源的数据实时接入和更新。例如，消防部门定期将消防设施的检测报告数据上传至平台，平台自动更新消防设施的状态信息；社区网格员每日将巡查数据录入平台，确保平台数据的及时性和准确性。

（2）数据共享机制

打破部门之间的数据壁垒，建立数据共享机制。各部门和机构在授权范围内可以访问和使用平台上的相关数据。例如，消防部门可以查看社区网格内的建筑消防设施情况，为制定消防监督检查计划提供依据；社区工作人员可以获取居民的消防安全培训记录，针对性地开展消防宣传教育工作；公安部门在处理火灾相关的治安事件时，可以查阅火灾现场周边的人员信息和建筑布局信息。通过数据共享，提高了社区消防管理的协同效率，实现了数据利用价值的最大化。

（二）社区消防智能消防设备应用

1．物联网消防设施监测

（1）消防设施状态实时感知

在社区的各类消防设施上安装物联网传感器，如在消火栓上安装压力传感器和阀门状态传感器，在灭火器上安装压力监测装置和身份识别标签，在自动喷水灭火系统的喷头处安装温度和水流传感器等。这些传感器能够实时采集消防设施的运行状态数据，如消火栓水压、灭火器压力、喷头温度变化、水流情况等，并通过无线网络将数据传输至信息化管理平台。管理人员可以通过平台实时查看消防设施的运行状态，一旦发现异常，系统立即发出预警。例如，当某社区的一个消火栓水压低于正常范围时，压力传感器将数据传输至平台，平台发出警报通知相关人员进行检查和维修，确保在火灾发生时消防设施能够正常使用。

（2）故障预警与维护提醒

利用大数据分析和AI技术，对传感器采集的消防设施运行数据进行深度分析。通过建立设备运行数据模型，预测设施可能出现故障的时间和类型。例如，通过对灭火器压力数据的长期监测和分析，系统预测某一批次灭火器在未来一个月内可能出现压力不足的情况，提前向社区管理人员发送维护提醒。同时，根据设施的使用年限、维护记录等信息，为设施制定个性化的维护计划，当维护时间临近时，系统自动发送提醒，确保消防设施始终处于良好运行状态，提高设施的可靠性和使用寿命。

2．智能烟雾报警器与电气火灾监控系统

（1）早期火灾预警

在居民住宅、商业店铺等场所安装智能烟雾报警器，在检测到环境中的烟雾浓度超过设定阈值时，立即通过无线网络向居民手机、社区管理平台和消防部门发送报警信息，实现早期火灾的及时预警。例如，在某居民家中，智能烟雾报警器检测到厨房因烹饪引发的异常烟雾，迅速向居民手机推送报警信息，居民及时采取措施避免了火灾的发生；同时，社区管理平台也收到报警信息，网格员第一时间前往现场查看情况。

（2）电气火灾防控

电气火灾监控系统通过对电气线路的电流、电压、温度等参数进行实时监测，在电气线路存在过载、短路、漏电等异常情况时，及时发出预警。系统可以对电气火灾隐患进行精准定位，帮助工作人员快速排查和整改。例如，在某社区的一个老旧居民楼中，电气火灾监控系统检测到某户居民家中的电气线路电流异常升高，疑似存在过载情况，会立即向社区管理人员报警，管理人员通知该户居民及时检查和更换电气设备，消除了电气火灾隐患。

（三）社区消防网格化治理案例一

1．社区背景与治理前状况

某老旧社区建成于20世纪80年代，建筑多为砖混结构，房屋老旧，电气线路老化严重，消防设施配备不足且部分设施老化损坏。社区内道路狭窄，私家车随意停放，消防通道时常被堵塞。居民消防安全意识淡薄，存在私拉乱接电线、在楼道内堆放杂物等现象，火灾隐患突出。据统计，治理前该社区平均每年发生小型火灾事故3~4起，虽未造成重大人员伤亡，但给居民的生活和财产安全带来了较大威胁。

2．网格化治理措施实施

（1）科学划分网格

根据社区的建筑布局和道路走向，将社区划分为5个网格单元。每个网格配备1名网格长和 3~4 名网格员，网格长由社区工作人员担任，网格员从社区志愿者和物业安保人员中选拔。

（2）完善组织架构与职责分工

成立社区消防网格化治理工作领导小组，由社区主任担任组长，负责统筹协调社区的消防工作。明确各级组织和人员的职责，网格长负责组织本网格的日常巡查、隐患排查、宣传教育等工作，网格员具体执行巡查任务，发现隐患及时上报并协助整改。

（3）加强日常巡查与隐患整改

制定详细的巡查计划，网格员每天对网格内的居民楼、商铺等进行巡查，重点检查电气线路、消防设施、疏散通道等。在治理初期，通过集中排查，共发现火灾隐患 200 余处，如电气线路老化破损 120 余处、消防设施损坏 50 余处、疏散通道堵塞 30 余处。将排查出的隐患录入隐患台账，按照“定整改责任人、定整改措施、定整改期限”的原则进行整改。截至目前，已完成 95%以上隐患的整改，有效降低了社区火灾风险。

（4）强化消防宣传教育

利用社区公告栏、微信群、举办消防安全知识讲座等多种形式，开展消防宣传教育活动。每月组织一次消防安全知识讲座，邀请消防专家为居民讲解火灾预防、逃生自救等知识；定期在社区公告栏发布消防安全提示和火灾案例；通过微信群向居民推送消防安全知识文章和视频。经过持续宣传教育，居民的消防安全意识明显提高，主动参与社区消防工作的积极性增强。

（5）技术支撑与信息化管理

引入社区消防信息化管理平台，网格员通过手机 App 进行巡查记录和隐患上报，平台对隐患进行跟踪管理。在社区内部分场所安装智能烟雾报警器和电气火灾监控系统，实现早期火灾预警和电气火灾防控。例如，智能烟雾报警器在治理期间成功预警了 2 起初期火灾，居民及时发现并扑灭，避免了火灾扩大。

3．治理成效评估

经过一年多的消防网格化治理，该老旧社区的消防安全状况得到显著改善。火灾事故发生率大幅下降，治理后一年内仅发生 1 起小型火灾事故，且由于发现及时，未造成任何损失。居民的消防安全意识明显提升，主动配合社区开展消防工作，自觉遵守消防安全规定。社区的消防设施完好率达到 90%以上，疏散通道保持畅通，消防环境得到根本性改善，成为所在城市老旧社区消防治理的示范样板。

（四）社区消防网格化治理案例二

1．社区背景与特点

某新建大型社区占地面积广，拥有多栋高层住宅、商业配套设施和公共活动区域。社区内居民数量众多，人员结构复杂，既有年轻上班族，也有老人和儿童。社区建筑设计和消防设施配备符合现行消防规范要求，但由于社区规模大，消防管理难度较大，需要建立高效的消防管理模式。

2．网格化治理模式创新实践

（1）与物业管理深度融合

充分发挥物业管理公司管理社区的作用，将物业管理团队纳入网格管理体系。物业项目经理担任网格长，物业安保人员和客服人员担任网格员，实现消防管理与物业管理的有机结合。例如，在日常巡查中，物业网格员在检查消防设施的同时，还可以对小区环境卫生、设施设备运行等情况进行综合巡查，提高工作效率。

（2）智慧消防建设全面推进

在社区内全面应用智能消防设备，实现消防设施的智能化管理。社区安装了物联网消防设施监测系统，对消火栓、自动喷水灭火系统、火灾自动报警系统等进行实时监测；在居民家中和公共区域广泛安装智能烟雾报警器和电气火灾监控系统。同时，建设社区消防大数据中心，对各类消防数据进行收集、分析和应用。通过大数据分析，发现社区内某一区域的居民在夏季使用空调时，电气火灾隐患较高，社区管理部门针对性地加强了该区域的电气安全检查和宣传教育。

（3）居民参与机制完善

建立居民参与社区消防工作的激励机制，鼓励居民举报火灾隐患、参与消防宣传活动和演练。设立“消防安全奖励基金”，对在社区消防工作中表现突出的居民给予物质奖励和精神表彰。例如，某居民发现小区内一处消防通道被私家车长期占用，及时向社区举报，社区核实后对该居民进行了奖励，并联合交警部门对违规停车行为进行了整治。

3．治理成果与经验启示

通过实施创新的消防网格化治理模式，该新建大型社区构建了全方位、智能化的消防防控体系。消防管理效率大幅提高，能够及时发现和整改火灾隐患，自治理以来未发生任何火灾事故。居民的消防安全意识和参与度显著提升，形成了共建共治共享的社区消防治理格局。其经验启示：在消防网格化治理中，要充分结合社区自身特点，创新治理模式，加强与物业管理的合作，积极应用先进技术，同时注重调动居民的积极性，共同提升社区消防安全水平。

四、社区消防治理难点与突破路径

（一）社区消防人员专业素质与工作积极性问题

1．问题表现

部分网格员缺乏专业的消防知识和技能，在日常巡查中难以准确识别复杂的火灾隐患，如电气线路的隐蔽故障、消防设施的潜在问题等。同时，网格员工作任务繁重，除消防工作外，还承担着社区其他事务，工作压力大，且薪酬待遇和激励机制不完善，导致工作积极性不高，人员流动频繁，影响社区消防网格化治理工作的稳定性和持续性。

2. 对策措施

加强网格员的专业培训，定期组织消防知识和技能培训课程，邀请消防专家、业务骨干进行授课，内容涵盖消防法律法规、火灾预防与扑救、消防设施操作与维护等方面。例如，每月安排一次集中培训，通过理论讲解、案例分析和实地操作相结合的方式，提升网格员的专业水平。完善薪酬待遇和激励机制，合理调整网格员的薪酬标准，设立绩效奖金，根据工作表现进行考核发放。对在消防工作中表现突出的网格员，给予表彰和奖励，如颁发“优秀网格员”证书、提供晋升机会等，提高网格员的工作积极性和职业认同感。同时，建立人员储备机制，提前选拔和培养后备网格员，确保在人员流动时能够及时补充，保障工作的顺利开展。

（二）社区消防资金投入与资源保障难题

1. 问题表现

社区消防网格化治理需要一定的资金投入，用于信息化管理平台建设与维护、智能消防设备购置与安装、消防宣传教育活动开展、网格员薪酬支付等方面。然而，老旧社区和经济欠发达地区的社区，资金来源有限，财政投入不足，社会资本参与度低，导致消防治理工作所需的资源难以保障，影响治理工作的推进和效果。

2. 对策措施

建立多元化的资金投入机制。政府加大对社区消防工作的财政支持力度，设立专项社区消防治理资金，根据社区规模、火灾风险等级等因素进行合理分配。例如，每年从财政预算中安排一定比例的资金用于社区消防的信息化建设和消防设施更新改造。鼓励社会资本参与社区消防治理，通过政府购买服务、PPP 模式等方式，引导企业、社会组织等投入资金。例如，与消防技术服务企业合作，由企业出资建设和维护社区消防信息化管理平台，政府按照服务效果支付费用。同时，社区可以通过自筹资金的方式，如发动居民捐款、争取社区内企业赞助等，筹集部分消防治理资金。在资源保障方面，整合社区内现有的资源，如利用社区活动中心、学校教室等场所开展消防宣传教育活动；协调相关部门，优先保障社区消防治理所需的物资供应，如消防设备、宣传资料等。

（三）社区消防部门协同与长效机制建设障碍

1. 问题表现

社区消防网格化治理涉及消防、公安、应急管理、住建、城管等多个部门，但在实际工作中，部门之间职责划分不够清晰，存在推诿扯皮现象，协同配合不够顺畅。例如，在处理消防通道被占用问题时，消防部门、公安部门和城管部门之间可能出现职责不清、执法权限交叉的情况，导致问题难以有效解决。同时，部分社区虽在治理初期取得了一定成效，但尚未建立健全社区消防网格化治理的长效机制，随着时间推移，出现工作松懈、治理效果反弹等问题，缺乏持续推进的动力和保障机制。

2. 对策措施

明确各部门在社区消防网格化治理中的职责，制定详细的部门职责清单，避免职责不清和推诿扯皮现象。建立健全部门协同工作机制，定期召开部门联席会议，加强信息沟通和工作协调。例如，每月由消防部门牵头，组织相关部门召开社区消防工作联席会议，通报工作进展，研究解决工作中存在的问题。对于涉及多个部门的消防问题，成立联合执法小组，开展联合执法行动，形成工作合力。在长效机制建设方面，建立健全社区消防网格化治理的考核评价机制，将社区消防工作纳入政府部门和社区的绩效考核体系，定期对社区消防工作进行考核评价，考核结果与部门和个人的绩效奖金、评先评优等挂钩。同时，加强对社区消防工作的监督检查，建立日常监督检查和专项督查相结合的机制，及时发现和纠正工作中存在的问题，确保社区消防网格化治理工作持续有效地推进。

社区消防网格化治理模式作为一种创新的基层消防管理模式，通过科学的网格划分、明确的职责分工、完善的运行机制、先进的技术支撑以及广泛的实践应用，在提升社区消防安全水平方面展现出显著优势。它有效整合了社区内外部资源，将消防管理工作细化到每个网格单元，实现了消防管理的精细化、精准化和高效化，为预防和遏制社区火灾事故发挥了重要作用。

从实践案例来看，无论是老旧社区还是新建大型社区，通过实施消防网格化治理，在火灾隐患排查整改、消防宣传教育、应急响应处置等方面都取得了良好成效，居民的消防安全意识明显提高，社区的消防安全环境得到显著改善。然而，在推行过程中，该模式也面临着人员专业素质提升、资金投入保障、部门协同合作等诸多挑战，需要加强培训、建立多元化资金投入机制、明确部门职责等一系列对策加以解决。

展望未来，随着科技的不断进步和社会治理水平的持续提升，社区消防网格化治理模式将不断完善和创新。进一步深化与物联网、大数据、AI 等前沿技术的融合，加强社区居民的深度参与，强化部门间的协同联动，构建更加科学、高效、可持续的社区消防治理体系，为保障社区居民的生命财产安全和社会的和谐稳定发展提供坚实有力的支撑，并在城市消防安全管理领域发挥更为重要的作用。

第六章　消防宣传教育与社会参与

第一节　全民消防素养提升路径

在社会快速发展、城市建设日新月异的当下，火灾风险也呈现出多样化、复杂化的态势。从繁华都市的高楼大厦到宁静乡村的农舍田园，火灾隐患潜藏在生活的各个角落。一场火灾，不仅会瞬间吞噬人们的生命和财产，更可能对社会秩序和经济发展造成严重冲击。全民消防素养的高低，直接关系到社会整体的火灾防控能力。提升全民消防素养，意味着更多人能够在日常生活中敏锐察觉并及时消除火灾隐患，在火灾初起时冷静应对、有效扑救，在紧急疏散时有序撤离、保障自身及他人安全。这不仅是减少火灾事故损失的关键手段，更是构建安全、和谐、稳定社会环境的必然要求，对于维护人民群众的根本利益和推动社会可持续发展具有深远意义。

一、全民消防素养基础认知与提升路径

（一）消防素养的内涵

1．消防安全知识储备

涵盖广泛的消防基础理论知识，包括火灾的成因，了解不同类型火灾，如 A 类火灾（固体火灾）、B 类火灾（液体或可熔化固体火灾）、C 类火灾（气体火灾）等的起火原理及特点。知晓常见消防设施设备的功能与使用方法，如干粉灭火器适用于扑救一般固体火灾、可燃液体、可燃气体以及电气设备火灾；二氧化碳灭火器主要用于扑救贵重设备、档案资料、仪器仪表、600 V 以下电气设备及油类的初起火灾等。熟悉消防安全法规，知晓在建筑消防设计、施工、使用过程中必须遵循的规范，以及个人在消防方面的权利和义务。例如，在人员密集场所严禁堵塞安全出口，违反了相关规定，将面临相应处罚。

2．消防意识与观念

树立强烈的火灾预防意识，时刻保持警惕，关注身边的消防安全环境。在日常生活中，

无论是家庭装修选择防火材料，还是在公共场所留意疏散通道位置，都体现了预防为主的消防意识。具备正确的火灾应对观念，面对火灾时不惊慌失措，科学的应对方法能够有效降低损失。例如，居民在冬季使用电暖器等取暖设备时，主动检查设备线路，避免过载引发火灾，这就是消防意识在生活中的具体体现。

3．消防技能与应急能力

掌握实用的灭火技能，能够正确操作灭火器、消火栓等灭火设备。以灭火器使用为例，要熟悉“一提、二拔、三握、四压”的操作口诀，确保在火灾初期能够迅速、准确地使用灭火器扑灭小型火灾。具备火灾逃生技能，懂得在火灾发生时如何选择正确的逃生路线，如利用湿毛巾捂住口鼻低姿前行，避免吸入有毒烟雾。同时，了解如何在火灾现场自救互救，如帮助老弱病残人员疏散，掌握简单的急救知识对受伤人员进行初步救治等应急能力。

（二）提升全民消防素养的重要意义

1．降低火灾事故发生率

全民消防素养提升了，人们在生活和工作中会更加注重火灾预防。在家庭层面，居民会有意识地规范用电行为，定期检查电气线路，避免因电线老化、私拉乱接电线引发火灾；在企业中，员工能够严格遵守消防安全操作规程，正确储存和使用易燃易爆物品。例如，在化工企业，员工熟知危险化学品的特性和防火防爆要求，能有效防止因操作不当引发的火灾爆炸事故。据统计，在消防宣传教育工作扎实、全民消防素养较高的地区，火灾事故发生率明显低于消防素养较低地区，充分体现了提升消防素养对预防火灾的积极作用。

2．提高火灾应对与救援效率

火灾发生时，具备良好消防素养的民众能够迅速做出正确反应。他们能在第一时间准确拨打 119 火警电话，清晰报告火灾发生地点、火势大小、燃烧物质等关键信息，为消防救援力量快速到达和展开救援提供有力支持。在火灾初期，民众能够利用掌握的灭火技能，使用身边的灭火器材进行扑救，控制火势蔓延，为消防救援争取宝贵时间。例如，在某商场发生的小型火灾中，商场员工迅速使用灭火器扑灭了初期火灾，避免了火势扩大，减少了损失，同时，在疏散过程中，民众能够保持冷静，按照预定疏散路线有序撤离，提高疏散效率，降低人员伤亡风险。

3．促进社会消防安全文化建设

全民消防素养的提升有助于在全社会营造浓厚的消防安全文化氛围。当越来越多的人关注消防安全、学习消防知识、参与消防活动时，消防安全意识和文化将逐渐深入人心。这种文化的形成，不仅能够引导人们自觉遵守消防安全法规，还能促使社区、企业等组织积极开展消防安全管理工作。例如，在一些社区，居民自发成立消防安全志愿者队伍，定期开展消防知识宣传和隐患排查活动，形成了良好的社区消防安全文化，推动了整个社会消防安全水平的提升。

（三）不同群体的消防素养差异

1. 城乡差异

城市居民由于信息获取渠道丰富，能够接触到较多的消防宣传教育资源，如社区组织的消防讲座、商场等公共场所的消防宣传海报和视频等，对消防安全知识有一定程度的了解。然而，部分城市居民在实际生活中，仍存在消防安全意识淡薄的问题，例如在高层住宅中，一些居民将杂物堆放在楼梯间、疏散通道，堵塞了逃生通道。而农村地区居民的消防素养整体相对较低。农村消防基础设施建设相对滞后，消防宣传教育覆盖不足。许多农村居民对火灾的危险性认识不足，缺乏基本的消防知识和技能。例如，在一些农村，居民家中使用明火做饭、取暖，柴草等易燃物随意堆放，且对电气设备的使用和维护不当，火灾隐患较大。

2. 年龄差异

青少年群体通过学校教育，对消防安全知识有一定的认知，在学校组织的消防演练中，也能掌握基本的逃生技能。但在日常生活中，由于缺乏实际应用场景，部分青少年对消防知识的记忆和应用不够牢固。中年人群体忙于工作和生活，对消防知识的主动学习意愿相对较低，消防意识和技能水平参差不齐。一些从事特定行业的中年人，如电工、厨师等，对本行业相关的消防知识有一定了解，但对其他方面的消防知识掌握不足。老年人群体由于接受新事物能力较弱，信息获取渠道有限，消防素养普遍偏低。他们对现代消防设施设备不熟悉，在火灾发生时往往不知所措，且部分老年人存在一些不良生活习惯，如卧床吸烟、使用老化电器等，增加了火灾风险。

3. 职业差异

从事消防安全相关职业的人员，如消防员、消防监督员、消防设施操作员等，经过专业培训，具备较为全面的消防知识和技能，能够熟练操作消防设备，应对各类火灾事故。然而，一些非消防安全专业的职业群体，消防素养水平差异较大。例如，在商业服务业中，部分从业人员对所在场所的消防设施位置和使用方法不熟悉，在火灾发生时无法有效组织顾客疏散。在制造业企业中，一线工人如果缺乏消防安全培训，可能在生产过程中因违规操作引发火灾，且在火灾发生时不知如何应对。

（四）消防宣传教育存在的问题

1. 内容缺乏针对性

目前的消防宣传教育内容往往采用“一刀切”的方式，没有充分考虑不同群体的实际需求和接受能力。对于青少年，宣传内容可能过于理论化，缺乏趣味性和互动性，难以吸引他们的注意力。对于老年人群体，宣传内容可能没有充分考虑到他们的认知特点和生活实际，如一些宣传资料文字过小、专业术语过多，老年人难以理解。对于企业员工，宣传内容可能没有紧密结合企业的生产工艺和火灾风险特点，员工在实际工作中无法将所学消防知识应用到岗位操作中。

2．形式单一枯燥

消防宣传教育形式主要以传统的发放宣传资料、举办讲座、开展演练为主。发放出去的宣传资料居民往往不重视，随意丢弃；讲座形式缺乏生动案例和互动环节，枯燥乏味，听众难以留下深刻印象；演练活动存在走过场现象，参与人员未能真正掌握演练的技能和要点。在新媒体时代，虽然部分地区开始利用网络平台进行消防宣传，但形式也多局限于简单的图文推送，缺乏创新性和吸引力，无法充分发挥新媒体的优势，难以有效提升全民参与消防宣传教育的积极性。

3．覆盖存在盲区

在一些偏远农村地区、城乡接合部以及小型私营企业，消防宣传教育工作存在明显的覆盖盲区。由于地理位置偏远、经济条件有限、人员流动性大等原因，消防部门难以在这些地区开展常态化的宣传教育活动。部分小型私营企业为降低成本，忽视对员工的消防安全培训，导致员工消防素养低下。此外，一些新兴行业，如共享办公空间、快递物流行业等，由于行业发展迅速，消防宣传教育未能及时跟上，从业人员缺乏必要的消防安全知识和技能。

二、消防教育体系构建与实践创新

（一）完善消防宣传教育体系的方法

1．定制化宣传内容

针对不同年龄、性别、职业、地域的人群，制定个性化的消防宣传教育内容。对于青少年，开发趣味性强的消防科普读物、动漫、游戏等，如制作以消防小英雄为主角的动漫片，通过生动有趣的故事情节，向青少年传授火灾预防、报警、逃生等知识。针对老年人群体，采用通俗易懂、图文并茂的宣传资料，内容侧重于家庭用火用电安全、火灾发生时如何求助等实用知识。对于企业员工，根据企业的生产性质和火灾风险，开展针对性的消防安全培训，如化工企业重点培训危险化学品防火防爆知识、电气企业加强电气火灾预防培训等。

2．多元化宣传形式

充分利用新媒体平台，更新消防宣传教育形式。制作高质量的消防短视频，通过抖音、快手等热门短视频平台进行传播，短视频内容可以包括火灾案例分析、消防设施使用演示、消防知识问答等，以轻松幽默、生动形象的方式吸引用户关注。开展线上消防知识竞赛、直播互动活动，如在微信公众号上举办消防知识答题赢奖品活动，邀请消防专家进行线上直播，解答观众关于消防安全的疑问，增强宣传教育的互动性和趣味性。同时，结合传统宣传方式，如在社区、学校、企业等场所设置消防宣传栏、张贴宣传海报、发放宣传手册，定期举办消防知识讲座和演练，形成线上线下相结合的多元化宣传格局。

3．扩大宣传覆盖范围

加强对偏远农村地区、城乡接合部和小型私营企业的消防宣传教育力度。利用农村广播、流动宣传车等方式，将消防知识送到农村千家万户。组织消防志愿者深入农村开展宣传活动，为村民讲解家庭防火知识、帮助排查火灾隐患。对于城乡接合部，联合社区、派出所等部门，集中开展宣传教育活动，提高居民的消防安全意识。针对小型私营企业，政府购买服务，委托专业消防培训机构为企业员工提供消防安全培训，确保宣传教育覆盖到每一个角落。此外，关注新兴行业的消防安全需求，及时将消防宣传教育延伸到共享办公空间、快递物流网点等新兴领域。

（二）学校消防教育

1．消防教育纳入学校教育体系

将消防安全教育纳入学校的课程体系，从幼儿园到中小学，制定系统的消防安全教育教学大纲。在幼儿园阶段，通过游戏、儿歌等形式，向幼儿传授简单的消防安全知识，如认识消防标志、不玩火等。小学阶段，开设消防安全教育课程，每学期安排一定课时，讲解火灾的危害、预防火灾的方法、火灾发生时的自救逃生技能等基础知识，并组织学生参观消防科普教育基地，增强学生的感性认识。中学阶段，进一步深化消防知识学习，包括消防法律法规、火灾报警与应急处置流程、消防设施设备的工作原理等，培养学生的消防安全意识和责任感。

2．丰富校园消防活动

学校定期组织形式多样的校园消防活动，如开展消防主题班会，让学生围绕消防安全话题进行讨论、分享自己的认识和体会；举办消防知识竞赛、演讲比赛，激发学生学习消防知识的积极性；组织消防应急演练，模拟火灾发生场景，让学生在实践中掌握逃生技能和应急处置方法。同时，鼓励学生成立消防社团，自主开展消防宣传活动，如制作消防手抄报、举办消防知识展览等，通过学生带动学生，营造浓厚的校园消防安全氛围。

3．家校联动共育

加强学校与家庭之间的沟通与合作，共同提升学生的消防素养。学校用家长会、家长微信群等渠道，向家长宣传消防安全知识，提醒家长关注家庭消防安全，如定期检查家庭电气设备、教育孩子正确用火用电等。同时，布置家庭消防作业，让学生和家长一起查找家庭火灾隐患、制定家庭火灾逃生计划等，增强家长和学生的消防安全意识和能力，实现家校消防教育的无缝对接。

（三）推动社区消防建设

1．加强社区消防宣传阵地建设

在社区内设置固定的消防宣传栏，定期更新消防知识、火灾案例、社区消防工作动态等内容。利用社区广播、电子显示屏等设施，滚动播放消防安全提示和宣传视频。建设社区消防科普教育室，配备消防知识展板、消防设施模型、模拟灭火体验设备等，为居民提供一个近距离学习消防知识、体验消防技能的场所。例如，某社区的消防科普教育室，每周定期向居民开放，实物展示和互动体验可以让居民直观了解消防设施的使用方法和火灾逃生技巧，受到居民的广泛欢迎。

2．组织社区消防活动

社区定期组织消防安全宣传活动，如举办消防安全知识讲座，邀请消防专家或消防员为居民讲解家庭防火、火灾逃生等知识；开展消防演练，模拟社区内不同场所的火灾场景，组织居民进行疏散逃生演练，提高居民在火灾发生时的应急反应能力。同时，鼓励居民参与社区消防志愿服务活动，成立社区消防志愿者队伍，志愿者协助社区开展消防宣传、隐患排查等工作，通过居民自我管理、自我服务，提升社区整体的消防安全水平。

3．完善社区消防基础设施

加大对社区消防基础设施建设的投入，确保社区内消防通道畅通，设置明显的消防通道标识，严禁车辆占用消防通道。完善消防水源建设，确保消火栓等消防设施完好有效，定期进行维护和检查。老旧小区在改造过程中，纳入消防设施改造，如增设火灾自动报警装置、简易喷淋系统等，提高社区的火灾防控能力，为居民创造一个安全的居住环境。

（四）深化企业消防培训

1．落实企业主体责任

明确企业在员工消防安全培训中的主体责任，要求企业制定完善的消防安全培训计划，将消防安全培训纳入企业日常管理工作。企业主要负责人要高度重视消防安全培训，确保培训所需的人员、时间、经费等得到有效保障。大型企业应设立专门的消防安全培训部门，配备专业的培训师资，定期组织全体员工进行消防安全培训；小型企业可以委托专业消防培训机构，为员工提供针对性的培训服务。

2．开展针对性培训

根据企业的生产经营特点和火灾风险，开展具有针对性的消防安全培训。对于制造业企业，重点培训员工在生产过程中的消防安全操作规程，如焊接、切割等动火作业的安全要求，危险化学品的储存、使用和运输过程中的防火防爆知识。对于商业企业，重点培训人员密集场所的消防安全管理，如疏散通道的维护、消防设施的使用、顾客的疏散引导等。同时，加强对企业管理人员的消防安全培训，使其掌握消防安全管理知识，能够制定和实施企业的消防安全管理制度。

3．加强培训效果评估

建立企业消防安全培训效果评估机制，通过理论考试、实际操作考核、日常消防安全行为观察等方式，对员工的培训效果进行全面评估。考核不合格的员工，企业应安排补考或重新培训，确保员工真正掌握消防安全知识和技能。同时，将员工的消防安全培训考核结果与绩效挂钩，激励员工积极参加培训，提高自身的消防素养，从而提升企业整体的消防安全管理水平。

三、消防素养保障体系与技术赋能

（一）政策法规保障

1. 完善相关法律法规

进一步完善消防安全法律法规体系，明确各部门、各单位以及公民在消防安全宣传教育方面的责任和义务。例如，在消防法中增加对企业、社区、学校等组织开展消防安全教育的具体要求和标准，对未履行消防安全教育职责的单位和个人设定相应的法律责任。同时，制定配套的实施细则，细化消防安全教育的内容、形式、考核评估等方面的规定，为全民消防素养提升提供坚实的法律依据。

2. 制定扶持政策

政府出台相关扶持政策，鼓励社会力量参与消防安全宣传教育工作。对积极开展消防安全宣传教育活动的企业、社会组织等，给予税收优惠、财政补贴、荣誉表彰等奖励。例如，对制作优秀消防宣传作品的文化企业，给予税收减免；对长期从事消防志愿服务的社会组织，提供一定的财政资金支持开展消防宣传活动和培训志愿者。通过政策引导，激发社会各界积极主动参与全民消防素养提升工作。

（二）资源投入保障

1. 财政资金支持

政府加大对消防安全宣传教育的财政投入，设立专项经费，用于消防宣传教育基础设施建设、宣传资料制作、师资力量培养、消防演练组织等工作。例如，每年安排一定比例的财政资金，用于建设消防科普教育基地、更新社区消防宣传栏内容、开展面向公众的大型消防宣传活动等。同时，确保财政资金的合理分配和有效使用，提高资金使用效益，保障消防宣传教育工作的顺利开展。

2. 人力资源保障

加强消防宣传教育专业人才队伍建设，通过招聘、培训等方式，充实消防宣传教育工作人员队伍。培养一批具备扎实消防知识、丰富宣传教育经验的专业师资队伍，为开展高质量的消防培训和宣传活动提供人才支撑。同时，广泛招募消防志愿者，建立志愿者培训和管理机制，充分发挥志愿者在消防宣传教育工作中的作用，形成专业人员与志愿者相结合的多元化人力资源保障体系。

（三）监督考核保障

1. 建立监督检查机制

消防部门联合相关部门，建立健全对消防安全宣传教育工作的监督检查机制。定期对企业、社区、学校等组织的消防安全宣传教育工作开展情况进行检查，检查内容包括宣传教育计划的制定与实施、宣传教育活动的组织效果、员工或居民的消防知识掌握程度等。对于检查中发现的问题，及时下达整改通知书，督促相关单位进行整改，确保消防安全宣传教育工作落到实处。例如，消防部门每季度对辖区内企业进行抽查，若发现某企业未按计划开展消防培训，将责令其限期整改，并视情节轻重给予相应处罚。

2．完善考核评价体系

制定科学合理的消防安全宣传教育考核评价体系，将消防安全宣传教育工作纳入政府部门、企业、社区等组织的绩效考核范畴。对政府部门，考核其在推动消防宣传教育政策制定、资源投入、组织协调等方面的工作成效；对企业，考核其消防安全培训计划执行情况、员工消防安全技能提升程度以及企业整体消防安全管理水平；对社区，考核社区消防宣传阵地建设、消防活动组织频率及居民参与度和反馈效果等。通过量化考核指标，明确考核标准，定期进行考核评价，并将考核结果作为单位和个人评先评优、绩效奖励的重要依据，激发各方面积极开展消防宣传教育工作的动力。

（四）新媒体技术拓展消防宣传渠道

1．打造互动式消防宣传平台

借助互联网和移动终端技术，开发功能丰富、用户体验良好的消防宣传 App。该 App 除了具备常规的消防知识推送功能外，还设置互动板块，如在线答疑、消防知识竞赛、虚拟消防演练等。用户可以在 App 上随时向专业消防人员咨询消防安全问题，参与趣味性强的知识竞赛赢取奖品，通过手机模拟火灾场景进行逃生演练操作，实时反馈演练成绩并获取改进建议。例如，用户在家庭装修过程中对电气线路铺设的消防安全规范存在疑问，可通过 App 在线咨询，专业人员及时给予准确解答，帮助用户消除潜在火灾隐患。

2．社交媒体精准推送

深入分析社交媒体平台用户数据，利用大数据算法实现消防宣传内容的精准推送。根据用户的年龄、地域、兴趣爱好等特征，有针对性地推送符合其需求的消防知识和案例。对于年轻群体，推送形式新颖、富有创意的短视频，内容涵盖消防安全小窍门、消防科技新成果等；对于老年群体，推送图文并茂、通俗易懂的消防安全小贴士，提醒家庭用火用电安全注意事项。通过精准推送，提高消防宣传内容的触达率和吸引力，使不同群体都能便捷获取对自身有价值的消防信息。

（五）VR 与 AR 技术强化消防培训体验

1．VR 火灾逃生模拟培训

开发基于 VR 技术的火灾逃生模拟培训系统，为用户提供高度沉浸式的火灾逃生体验。用户佩戴 VR 设备后，仿佛置身于真实的火灾场景中，如商场、酒店、居民楼等，直观感受火灾发生时的烟雾弥漫、高温炙烤等危险状况。在模拟场景中，用户需要运用所学的逃生知识，选择正确的逃生路线，进行低姿前行、湿毛巾捂住口鼻、寻找安全出口等操作。系统会实时监测用户的操作行为，对正确操作给予肯定反馈，对错误行为及时纠正，并在培训结束后生成详细的评估报告，指出用户在逃生过程中的优点与不足，帮助用户更好地掌握火灾逃生技能。

2．AR 消防设施认知与操作培训

利用 AR 技术，开发消防设施认知与操作培训应用。用户通过手机或平板电脑的摄像头对准现实中的消防设施，如灭火器、消火栓、火灾自动报警装置等，AR 应用即可在屏幕上呈现该消防设施的三维模型，并详细介绍其工作原理、使用方法、维护要点等信息。用户还可以在屏幕上进行虚拟操作，模拟灭火器的使用步骤、消火栓的连接与出水操作等，系统对操作过程进行实时指导和纠错。这种直观、互动的培训方式，使学员能够更快速、准确地掌握消防设施的相关知识和操作技能，尤其适用于企业员工、社区居民等非专业人员的消防培训。

全民消防素养的提升是一项关乎社会安全稳定、人民幸福安康的系统性工程，具有极其重要的现实意义。从内涵来看，它涵盖了消防安全知识储备、消防意识与观念以及消防技能与应急能力等多个层面，对降低火灾事故发生率、提高火灾应对与救援效率以及促进社会消防安全文化建设起着关键作用。

然而，当前全民消防素养现状不容乐观，不同群体间存在显著差异，城乡、年龄、职业等因素导致消防素养参差不齐。同时，消防宣传教育在内容针对性、形式多样性以及覆盖范围上存在诸多问题，严重制约了全民消防素养的提升。

为突破这些困境，我们探索了一系列切实可行的提升路径。完善消防宣传教育体系，以定制化宣传内容、多元化宣传形式、扩大化的宣传覆盖范围开展消防宣传教育；强化学校消防教育，将其纳入学校教育体系，丰富校园消防活动并推动家校联动共育；推动社区消防建设，加强社区消防宣传阵地建设、组织各类社区消防活动以及完善社区消防基础设施；深化企业消防培训，落实企业主体责任，开展针对性培训并加强培训效果评估。

为保障这些路径的有效实施，还需从政策法规、资源投入、监督考核等方面提供坚实保障。完善相关法律法规，制定扶持政策；加大财政资金支持，强化人力资源保障；建立监督检查机制，完善考核评价体系；技术创新为全民消防素养提升注入了新动力，新媒体技术拓展了宣传渠道，VR 与 AR 技术强化了培训体验。

展望未来，持续提升全民消防素养依然任重道远。这需要全社会共同努力，政府部门加强统筹协调，各行业、各组织积极参与，充分利用现代科技手段，不断创新工作方法，持续优化提升路径和保障措施，逐步形成全民关注消防、学习消防、参与消防的良好社会风尚，为构建安全和谐的社会环境奠定坚实基础，切实保障人民群众的生命财产安全和社会的稳定发展。

第二节　校园与企业消防培训体系设计

校园与企业作为人员密集且功能复杂的场所，消防安全至关重要。校园内青少年聚集，他们正处于成长学习阶段，对火灾危险的认知和应对能力有待提升；企业则因生产经营活动涉及多种设备、工艺及大量物资，火灾风险点众多。完善的消防培训体系是提升校园师生与企业员工消防安全意识、知识和技能的关键，能有效预防火灾事故，减少人员伤亡和财产损失。它不仅对校园的教学秩序稳定和企业的生产经营可持续十分重要，更是保障社会公共安全的重要环节，对于营造安全和谐的社会环境意义深远。

一、校园消防培训体系构建与实施

（一）校园消防培训体系的培训目标

1．知识层面

确保学生和教职员工全面了解火灾的成因、分类及危害。例如，清晰认识 A 类固体火灾、B 类液体火灾、C 类气体火灾等不同类型火灾的特点。熟知校园内各类消防设施的功能、位置及使用方法，如知晓消火栓系统由消防水池、消防泵、消火栓、水带、水枪等组成，以及在火灾时如何正确连接和使用；了解火灾自动报警系统的探测器、报警器、控制器的工作原理及报警流程。掌握消防安全法规中与校园相关的条款，如学校应定期组织消防演练、保持疏散通道畅通等规定，增强依法依规保障校园消防安全的意识。

2．意识层面

培养师生时刻关注消防安全的敏锐意识，在日常学习和生活中，能主动排查身边火灾隐患。如学生能自觉检查宿舍电器使用是否规范，不私拉乱接电线；教师在实验室使用易燃易爆化学品时，严格遵守操作规程，防止因操作不当引发火灾。树立火灾预防为主的理念，认识到预防工作在消防安全中的核心地位，日常细致的预防措施可大幅降低火灾发生概率。

3．技能层面

师生应熟练掌握灭火器的操作技能，牢记“一提、二拔、三握、四压”口诀，能在火灾初期迅速准确使用灭火器扑灭小型火灾。学会正确使用消火栓，包括打开消火栓门、连接水带和水枪、按下启泵按钮、喷水灭火等步骤。掌握火灾发生时的逃生技能，如用湿毛巾捂住口鼻低姿前行，避免吸入有毒烟雾；熟悉校园内各场所的疏散路线，在紧急情况下能迅速、有序地疏散到安全区域；同时，具备一定的自救互救能力，能在火灾现场帮助受伤人员进行简单急救处理。

（二）校园消防培训体系的培训内容

1．基础消防知识

主要分为火灾发生原理、各类消防设施工作原理。系统讲解火灾发生的原理，从燃烧的三要素（可燃物、助燃物、火源）入手，分析不同场景下火灾的形成原因。例如，在宿舍中，违规使用的大功率电器可能成为火源，床上用品、书籍等为可燃物，空气则是助燃物，若使用不当易引发火灾。详细介绍各类消防设施的工作原理，如自动喷水灭火系统，当温度达到喷头的动作温度时，喷头自动破裂喷水灭火。用案例分析的方式让师生了解火灾的严重危害，以此警示师生重视消防安全。

2．校园火灾特点与预防

结合校园建筑特点和人员活动规律，分析校园火灾的常见类型和发生部位。教学楼、图书馆等人员密集场所，电气火灾较为常见，原因多为电气线路老化、过载、短路等；学生宿舍因学生违规使用电器，如电炉、电暖器等，火灾风险较高；实验室因涉及易燃易爆化学品的储存和使用，一旦操作失误，易引发化学火灾。针对这些特点，制定详细的预防措施，如定期对校园电气线路进行检查和维护，加强对学生宿舍电器使用的管理，制定实验室化学品安全管理制度等。

3．应急处置与逃生自救

火灾报警的正确方法，拨打 119 时要清晰准确地报告火灾发生地点、火势大小、燃烧物质、有无人员被困等关键信息。通过模拟演练，师生亲身体验火灾发生时的紧张氛围，学习如何选择正确的逃生路线，避免盲目乱跑。例如，在教学楼发生火灾时，要根据烟雾蔓延方向和疏散指示标志，选择远离火源且烟雾较少的通道逃生。教授师生逃生技巧，如用湿棉被包裹身体穿越着火区域、利用绳索等工具从窗户逃生（在确保安全的前提下）。同时，开展自救互救培训，如学习心肺复苏术、止血包扎等急救技能，以便在火灾现场对受伤人员进行及时救助。

（三）校园消防培训体系的培训方式

1．课堂讲授

邀请消防专家、消防部门工作人员或经验丰富的校园安全管理人员担任讲师，采用多媒体教学手段，通过图片、视频、动画等形式，生动形象地讲解消防知识。课堂上设置互动环节，鼓励师生提问，讲师现场解答，提高师生的参与度和学习效果。

2．实地演练

定期组织校园消防演练，模拟不同场景的火灾事故，如教学楼火灾、宿舍火灾、实验室火灾等。演练前制定详细的演练方案，明确各部门和人员的职责，设置疏散引导组、灭火行动组、安全保卫组、医疗救护组等。演练过程中，严格按照方案进行，让师生在实践中掌握火灾报警、疏散逃生、灭火救援等技能。演练结束后，进行总结评估，针对演练中存在的问题，如疏散速度慢、部分学生对灭火器材使用不熟练等，提出改进措施。

3．线上学习平台

搭建校园消防线上学习平台，上传丰富的消防学习资源，包括消防知识课件、教学视频、案例分析、在线测试等内容。学生和教职员工可以利用课余或工作之余，自主登录平台学习。平台设置学习进度跟踪功能，记录学员的学习情况，督促学员完成学习任务。同时，通过在线测试，检验学员对消防知识的掌握程度，对成绩优秀的学员给予一定奖励，激发学员的学习积极性。

（四）校园消防培训体系的培训对象

1．学生群体

根据不同年龄段学生的认知水平和接受能力，制定分层培训方案。对于小学生，采用趣味性强的教学方式，如通过消防儿歌、动画短片、消防知识小游戏等，学生初步了解消防安全常识，认识常见的消防标志，知道不能玩火、如何拨打 119 等。对于中学生，在讲解基础知识后，增加火灾案例分析、消防设施实际操作体验等内容，培养学生的消防安全意识和基本技能。例如，组织中学生参观消防科普教育基地，亲身体验火灾逃生模拟场景，进行灭火器和消火栓的实操训练。对于大学生，举办的消防安全专题讲座，涵盖消防法律法规、火灾风险评估、校园消防安全管理等内容，鼓励学生参与校园消防安全管理实践活动，如加入学校的消防安全志愿者协会，参与校园消防隐患排查和宣传工作。

2．教职员工群体

针对教师，重点培训其将消防安全教育融入课堂教学和学生管理的能力，以及在火灾发生时如何组织学生疏散逃生的能力。例如，开展教师消防安全教育培训工作，模拟火灾场景下的师生互动演练，让教师掌握有效的疏散组织方法和心理安抚技巧。对于后勤保障人员，如食堂工作人员、宿舍管理员、水电工等，培训内容侧重于其工作岗位的消防安全知识和技能。食堂工作人员要学习厨房用火用电安全、油锅火灾的扑救方法；宿舍管理员要熟悉宿舍消防设施的使用、人员疏散流程；水电工要掌握电气线路维护和火灾预防的专业知识。通过分层培训，确保不同岗位的教职员工都能具备与岗位相适应的消防安全能力。

二、企业消防培训体系优化与创新

（一）企业消防培训体系的培训目标

1．知识层面

使企业员工全面掌握与本企业生产经营相关的火灾风险知识。如化工企业员工要熟知生产过程中涉及的易燃易爆化学品的特性、储存和运输要求，了解不同化学品火灾的扑救方法和注意事项。机械制造企业员工要掌握电气设备、焊接切割等作业过程中的火灾风险点及预防措施。员工要清楚了解企业内各类消防设施的性能、维护要点和操作规程，如气体灭火系统，了解其适用场所、启动方式、维护周期等。同时，熟悉国家和地方有关企业消防安全的法律法规，明确企业和员工在消防安全方面的权利和义务。

2．意识层面

强化员工的消防安全责任意识，让员工认识到自身在企业消防安全中的重要角色，任何一个小的疏忽都可能引发严重的火灾事故。培养员工对火灾隐患的敏锐洞察力，使其在日常工作中能够主动排查身边的火灾隐患，如发现电气线路破损、易燃易爆物品违规存放等问题及时报告并协助整改。树立正确的火灾应急处理意识，面对火灾事故时保持冷静，坚信科学的应对方法能够有效降低损失。

3．技能层面

确保员工熟练掌握本岗位所需的消防技能。如仓库管理员要熟练使用灭火器和消火栓对初期火灾进行扑救，掌握物资疏散的方法和技巧；电工要能够正确排查和处理电气火灾隐患，在火灾发生时能迅速切断电源，采取应急处置措施；一线生产员工要熟悉所在车间的疏散路线和安全出口位置，掌握火灾逃生技能，如在浓烟环境中如何正确使用防烟面具逃生。同时，部分关键岗位员工要具备一定的消防设施维护和故障排除技能，确保消防设施在关键时刻能够正常运行。

（二）企业消防培训体系的培训内容

1．企业火灾风险识别与评估

根据企业的生产工艺、设备设施、物资存储等情况，深入分析企业可能面临的火灾风险类型和风险等级。例如，在电子制造企业，由于生产过程中使用大量电子设备和易燃的清洗剂，电气火灾和化学火灾风险较高。通过风险识别与评估，确定企业的重点防火部位和关键风险点，如电子制造企业的 SMT 车间、化学品仓库等。针对这些重点部位和风险点，制定详细的风险管控措施，如增加重点部位的消防设施配置、设置防火分隔、制定严格的操作规程等，令员工掌握本企业的火灾风险状况及应对策略。

2．消防安全管理制度与操作规程

企业制定的消防安全管理制度，包括消防安全责任制、防火巡查制度、消防设施维护管理制度、火灾隐患整改制度、消防应急预案等内容应详细讲解传达给相关人员。明确各部门、各岗位在消防安全管理中的职责，如生产部门负责生产过程中的消防安全管理，安全管理部门负责监督检查和组织培训等。同时，针对不同岗位的工作特点，制定并培训相应的消防安全操作规程。如在涂装车间，员工要严格遵守涂装作业的防火防爆操作规程，包括控制作业环境的可燃气体浓度、正确使用喷枪等设备、定期清理作业区域的易燃物等，确保员工在工作中严格按照制度和规程操作，降低火灾风险。

3．应急救援与事故案例分析

开展企业消防应急救援培训，包括火灾报警流程、确定应急响应级别及相应的处置措施、救援队伍的组建和职责分工等内容。组织员工进行应急救援演练，模拟不同规模和类型的火灾事故，让员工在演练中熟悉应急救援流程，提高协同作战能力。例如，在大型物流企业，模拟仓库火灾事故，在演练中消防控制室值班人员迅速报警并启动消防设施，企业内部的义务消防队迅速赶赴现场进行灭火和疏散物资，各部门按照应急预案的职责分工有序开展救援工作。通过分析同行业或本企业发生的火灾事故案例，深入剖析事故原因、经过和造成的损失，总结经验教训，让员工深刻认识到火灾事故的严重性，增强消防安全意识和责任感。

（三）企业消防培训体系的培训方式

1．集中培训

定期组织全体员工参加集中消防培训，邀请消防专家或专业培训机构讲师进行授课。培训内容涵盖企业火灾风险评估、消防安全管理制度、应急救援知识等方面。通过集中培训，确保全体员工对企业消防安全的整体要求和重要知识有全面地了解。例如，企业每季度组织一次大规模的集中消防培训，培训过程中设置互动环节，员工可以就工作中遇到的消防安全问题进行提问，讲师现场解答，提高培训的针对性和实用性。

2．岗位实操培训

根据员工的岗位特点，开展针对性的岗位实操培训。在企业的生产车间、仓库、配电室等重点部位，设置实操培训区域，配备相应的消防设施设备和模拟火灾场景装置。例如，在仓库设置灭火器实操培训区，员工在培训人员的指导下，进行灭火器的实际操作训练，掌握不同类型灭火器的适用范围和操作方法；在配电室设置电气火灾隐患排查和应急处置实操培训区，员工学习检查电气设备的运行状况、排查电气线路隐患，以及在发生电气火灾时正确使用二氧化碳灭火器等灭火设备进行扑救。

3．在线学习与移动培训

利用企业内部网络和移动终端设备，搭建在线消防学习平台。平台上有丰富的消防培训课程、动画演示、事故案例视频等学习资源，员工可以根据自己的工作时间和学习进度，随时随地进行在线学习。同时，开发消防培训移动 App，利用 App 在工作间隙或外出时进行碎片化学习。App 还具备在线测试、学习提醒、交流互动等功能，员工可以通过在线测试检验学习效果，与其他员工交流学习心得和消防安全经验。

（四）企业消防培训体系的培训效果评估

1．理论知识考核

定期组织员工进行消防理论知识考核，考核内容涵盖培训中涉及的火灾风险知识、消防安全法规、消防设施原理等方面。考核形式可以采用闭卷考试、在线测试等，通过设置不同难度的题，全面检验员工对理论知识的掌握程度。例如，每半年进行一次消防理论知识闭卷考试，考试成绩纳入员工的绩效考核体系，对成绩不合格的员工安排补考，并要求其重新学习相关知识，直至考核合格为止。

2．实操技能考核

针对员工的岗位实操技能，制定详细的考核标准和流程。在企业的实操培训区域，由专业的培训人员对员工进行现场实操考核。例如，灭火器的使用，要求员工在规定时间内正确完成灭火器的取用、检查、操作灭火等步骤；消火栓的操作考核，考查员工连接水带、水枪、开启阀门、喷水灭火等环节的熟练程度和操作规范。运用实操技能考核的方式，确保员工具备实际应对火灾事故的能力，对考核不通过的员工进行针对性地强化训练，直至达到岗位要求为止。

3．日常工作表现评估

在员工的日常工作中，观察和评估其消防安全意识和行为表现。例如，检查员工是否严格遵守消防安全操作规程，是否及时发现并报告身边的火灾隐患，是否积极参与企业组织的消防安全活动等。通过设置日常消防安全行为检查表，部门主管定期对员工进行评估打分，将评估结果与员工的绩效奖金、晋升等挂钩，激励员工在日常工作中始终保持良好的消防安全意识和行为。

三、校企消防培训协同发展与实践

（一）校园和企业消防培训体系师资共享

1．专家资源互通

校园和企业可以邀请消防领域的专家学者、资深消防员担任培训讲师。培训讲师具备丰富的专业知识和实践经验，能够为校园师生和企业员工带来权威、实用的消防培训课程。培训讲师既可以为校园讲解火灾科学的前沿理论知识，也能为企业分析行业内典型火灾事故案例及应对策略。通过建立专家资源库，校园和企业可以根据自身培训需求，预约专家进行授课，实现专家资源的高效利用。

2．内部师资交流

校园安全管理教师和企业安全培训专员等内部师资，可以用于交流互访和经验分享。校园教师可以到企业学习生产经营中的火灾风险管控经验，将这些实践案例融入校园消防教学中，使教学内容更贴近实际。企业安全培训专员可以到校园学习先进的教育理念和教学方法，提升自身培训授课水平。例如，企业安全培训专员学习校园的互动式教学方法后，在企业培训中增加小组讨论、案例分析等环节，提高员工的参与度和培训效果。

（二）校园和企业消防培训体系培训设施与场地共享

1．消防科普教育基地共建共享

校园和企业可以联合建设消防科普教育基地，整合双方资源，打造功能齐全、内容丰富的消防培训场所。基地内设置消防知识展示区、消防设施体验区、火灾模拟演练区等多个功能区域。校园师生和企业员工可以到基地参观学习和实践演练。例如，火灾模拟演练区既可以模拟校园教学楼火灾场景供师生演练，也可以模拟企业仓库火灾场景供企业员工演练。通过共建共享消防科普教育基地，提高资源利用效率，降低建设和运营成本。

2．实操培训场地与设备共用

企业的生产车间、仓库等场所可以作为校园学生进行消防实践学习的场地，让学生了解企业在实际生产中的火灾风险和防控措施。同时，校园的体育馆、操场等开阔场地可以为企业提供大规模消防演练的场所。在消防设备方面，企业先进的消防设施设备，如大型消防车、智能化火灾报警系统等，可以为校园师生提供实地参观和学习的机会；校园的消防教学设备，如消防模型、模拟灭火装置等，也可以供企业员工进行基础消防技能训练。通过场地与设备的共用，实现双方在消防培训硬件资源上的优势互补。

（三）校园和企业消防培训体系培训信息与资料共享

1．案例库共享

校园和企业都积累了大量的火灾事故案例和消防安全管理成功案例。双方可以建立案例库共享机制，将这些案例进行分类整理，包括校园火灾案例、企业火灾案例、校园消防安全管理创新案例、企业消防安全管理先进经验等。校园师生和企业员工都可以从共享案例库中获取丰富的学习素材。例如，校园教师在教学中可引用企业因及时排查电气隐患避免重大火灾的案例，强调隐患排查的重要性；企业培训时可借鉴校园通过定期组织消防演练，在模拟火灾中实现人员快速有序疏散的成功经验，优化自身演练流程。通过共享案例，拓宽双方人员的消防安全视野，从不同场景案例中汲取经验教训。

2．培训课件与资料交流

校园和企业在消防培训过程中制作了各类培训课件、宣传手册、学习视频等资料。这些资料的交流共享，能够丰富培训内容形式。校园的消防培训课件往往注重基础消防知识的系统性讲解，图文并茂且生动有趣，适合作为企业新员工基础消防知识的普及资料；企业的培训资料则侧重实际工作场景中的火灾风险防控，如化工企业制作的危险化学品防火防爆操作指南视频，可提供给相关专业校园师生，帮助他们了解行业实操要点。通过这种交流，双方能取长补短，提升培训资料的实用性与针对性。

（四）校园和企业消防培训体系中基于反馈的动态调整

1．定期问卷调查

校园和企业定期面向师生与员工发放消防培训反馈问卷。问卷内容涵盖对培训内容实用性、培训方式满意度、培训时间安排合理性等方面。例如，询问学生是否认为消防设施操作讲解过于理论，缺乏实际上手机会；了解企业员工对集中培训时间与工作安排冲突的看法。通过对问卷数据的统计分析，梳理培训体系的问题与不足。如大部分企业员工反馈线上学习平台课程更新不及时，校园学生认为逃生演练场景设置过于简单，缺乏真实感，为后续针对性优化提供依据。

2．现场访谈与意见收集

除问卷调查外，安排专人进行现场访谈。在校园，访谈对象包括不同年级学生、教师代表、后勤人员等；在企业，与一线员工、部门主管、安全管理人员等交流。了解他们实际参与培训的体验，听取他们的改进建议。比如，校园教师提出增加消防培训与学科教学融合的内容，帮助学生更好地理解消防知识背后的科学原理；企业一线员工反映实操培训时，缺乏专业人员全程细致指导，导致部分操作不够规范。基于这些访谈意见，及时调整培训计划与教学方法。

（五）校园和企业消防培训体系的适应法规与技术发展

1. 法规政策更新融入

消防法规政策随社会发展的不断更新而完善。校园和企业需密切关注国家、地方新出台的消防法规标准，如《消防设施通用规范》《建设工程消防设计审查验收管理暂行规定》等。及时将新法规要求融入培训体系，更新培训内容。例如，新法规对企业消防安全责任制的落实提出更细化的要求，企业在培训中就要强化各岗位员工对自身消防安全职责的认知，明确违规后果；在校园，若法规对学校消防设施配备标准有调整，培训中要随之及时更新，让师生了解新的设施类型、功能及使用方法，确保校园消防安全管理符合法规要求。

2. 新技术应用培训跟进

消防安全技术日新月异，如物联网消防监控系统、智能疏散指示系统、新型高效灭火材料等不断涌现。校园和企业应紧跟技术发展趋势，将新技术应用纳入培训范畴。校园可邀请技术专家为相关专业学生和校园安全管理部门讲解物联网消防监控系统原理，组织学生到安装该系统的场所实地参观学习，培养学生对消防新技术的认知理解与应用能力；企业则要针对自身生产经营特点，对员工进行新技术应用培训。例如，化工企业引入新型气体灭火系统后，及时对相关岗位员工开展系统操作、维护培训，确保员工能熟练运用新技术提升企业火灾防控水平。

（六）跨行业交流与借鉴

1. 参加行业研讨会

校园和企业积极参加各类消防行业研讨会，与其他学校、企业以及消防领域专业机构交流经验。在研讨会上，分享自身消防培训体系建设与实施过程中的成果与问题，同时学习借鉴他人先进经验。例如，在校园消防培训研讨会上，了解到其他学校通过开展消防社团活动，组织学生自主设计消防宣传海报、举办消防知识竞赛，极大提高了学生参与消防培训的积极性；企业在行业交流中，同行企业利用 VR 技术进行火灾逃生模拟培训，增强培训沉浸感与实效性。通过参加研讨会，拓宽思路，为自身培训体系优化提供新的思路与方法。

2. 标杆单位学习考察

选择在消防培训方面成效显著的校园和企业作为标杆单位，组织人员前往学习考察。校园可前往消防安全示范学校，学习其在校园消防文化建设、消防课程设置与教学方法创新等方面的经验；企业可到行业内消防安全管理先进企业，观摩其培训设施建设、培训计划执行、员工消防安全意识培养等方面的实践做法。例如，某企业到一家被评为“消防安全标准化示范企业”的同行单位考察后，借鉴其建立员工消防安全积分制管理模式，将员工参与培训、发现并整改火灾隐患等行为量化为积分，与员工绩效挂钩，有效提升员工参与消防安全工作的主动性，进而对消防培训激励机制进行优化。

校园与企业消防培训体系是保障校园教学秩序稳定、企业生产经营安全的关键防线，对于维护社会公共安全意义重大。从体系设计来看，校园消防培训需精准设定知识、意识、技能层面目标，规划涵盖基础消防知识、校园火灾特点预防及应急逃生等内容，灵活运用课堂讲授、实地演练、线上平台等方式，并针对学生与教职员工分层开展；企业消防培训同样应明确知识掌握、责任意识强化、岗位技能提升目标，规划风险识别、制度规程、应急救援等内容，以集中培训、岗位实操、移动 App 等方式学习，且通过理论、实操及日常表现评估效果。

同时，校园与企业消防培训体系在师资、设施场地、信息资料方面的协同与资源共享，极大提升了资源利用效率与培训效果。而基于反馈的动态调整、适应法规技术发展以及跨行业交流借鉴的持续优化策略，确保了培训体系与时俱进、不断完善。通过构建与完善消防培训体系，校园师生与企业员工的消防安全素养将得以稳步提升，有效预防火灾事故发生，减少火灾造成的人员伤亡与财产损失，为校园与企业营造安全稳定的环境，推动社会消防安全水平整体进步，为经济社会持续健康发展保驾护航。

第七章　消防管理未来发展趋势

第一节　AI 与机器人技术的消防应用前景

在当今社会，消防安全至关重要，其管理工作也处于持续发展与变革之中。消防管理未来发展趋势呈现出多维度的特征，涵盖了技术革新、管理模式优化以及社会协同深化等多个方面。

在科技飞速发展的当下，AI（Artificial Intelligence，AI）与机器人技术正以前所未有的态势渗透至各个领域，消防领域当然也不例外。传统消防工作面临着火灾形势日益复杂、救援难度不断攀升、人力成本持续增加等诸多挑战。AI 与机器人技术的引入，为消防工作带来了全新的思路与解决方案，有望从火灾预防、火灾扑救到应急救援等全流程提升消防工作效能，增强消防队伍应对各类火灾事故的能力，切实保障人民生命财产安全与社会稳定。

一、智能消防预警与决策创新应用

（一）AI 用于火灾风险预测与评估

1. 大数据分析与建模

AI 通过对海量消防数据的收集与分析，能够精准构建火灾风险预测模型。消防部门长期积累的火灾事故案例、建筑消防设施检测数据、气象信息、社会经济数据等，都是宝贵的数据资源。利用机器学习算法，对这些数据进行深度挖掘，可找出影响火灾发生的关键因素，如建筑类型、电气设备使用年限、周边环境等。例如，通过数据分析，发现老旧居民楼因电气线路老化、私拉乱接现象严重，火灾发生概率较高，建立回归模型，结合实时数据更新，能够对不同区域、不同类型建筑的火灾风险进行动态评估，提前预判火灾高发区域与时段，为消防资源的精准调配提供科学依据。

2. 实时监测与预警

借助物联网技术，将各类消防传感器，如烟雾传感器、温度传感器、电气火灾监控传感器等接入智能消防系统。AI 算法对传感器实时采集的数据进行分析，能够快速识别异常情况并发出预警。相比传统人工巡检与简单报警系统，AI 实时监测预警更加及时、准确，能在火灾萌芽阶段就采取措施，有效预防火灾发生。

（二）AI 协助消防指挥决策

1．智能预案生成

面对复杂多样的火灾场景，传统火灾应急预案往往难以满足实际救援需求。AI 能够根据火灾类型、建筑结构、周边环境、消防资源分布等信息，快速生成个性化的火灾救援预案。通过学习大量火灾案例与救援经验，AI 系统能够掌握不同场景下的最佳救援策略。例如，在高层建筑火灾中，系统综合考虑建筑高度、人员分布、消防电梯运行状况、消防水源位置等因素，制定出包括人员疏散路线、灭火进攻方向、消防设施使用方案等详细内容的救援预案，为消防指挥员提供科学决策参考。

2．模拟演练与评估

AI 技术开展火灾模拟演练，能够模拟各种复杂火灾场景，检验和优化救援预案。建立火灾动力学模型，可模拟火灾发生后的蔓延过程、烟雾扩散路径、温度场变化等情况。消防队伍可在虚拟环境中进行演练，AI 系统能实时评估演练效果，分析演练过程中存在的问题，并提出改进建议。这种模拟演练与评估方式，成本低、效率高，可在不影响实际工作的情况下，反复训练消防队伍，提升其应对火灾的实战能力。

二、智能消防机器人实战应用与协同创新

（一）灭火救援机器人

1．消防灭火机器人

消防灭火机器人具备强大的灭火能力，可在高温、有毒、易爆等危险环境中代替消防员执行灭火任务。常见的消防灭火机器人配备有高压水枪、泡沫喷射装置等，能够根据火灾现场情况，自动调整喷射角度与流量。例如，在化工火灾中，灭火机器人可靠近火源，利用其耐高温、防爆的特性，持续向燃烧区域喷射泡沫灭火剂，有效扑灭火灾。一些先进的灭火机器人还搭载了热成像仪、气体检测仪等设备，能够实时监测火灾现场温度、有毒气体浓度等参数，将信息反馈给后方指挥中心，为灭火决策提供依据。

2．搜索救援机器人

在地震、建筑物倒塌等灾害现场，搜索救援机器人发挥着重要作用。这类机器人通常体积小巧、灵活，能够在狭小、复杂的空间中穿梭。它们配备有摄像头、生命探测仪等设备，可对废墟进行全方位搜索，寻找被困人员。例如，蛇形机器人能够钻进狭窄的缝隙，利用高清摄像头拍摄内部情况，生命探测仪可感应人体发出的微弱信号，确定被困人员位置。搜索救援机器人还可应用无线通信技术，将现场图像与探测数据实时传输给救援人员，帮助救援

人员制定救援方案，提高救援效率，最大程度挽救被困人员生命。

（二）消防巡检机器人

1．室内消防巡检

在大型商场、工厂、写字楼等人员密集、建筑结构复杂的场所，消防巡检机器人能够实现 24 h 不间断巡检。机器人按照预设路线，对消防设施进行检查，如消火栓水压是否正常、灭火器是否在有效期内、消防通道是否畅通等。通过图像识别技术，机器人能够自动识别消防设施的状态，如发现消火栓阀门未关闭、灭火器压力不足等问题，及时记录并向管理部门报警。相比人工巡检，消防巡检机器人巡检效率高、准确性强，可大大降低人工成本，提高消防设施维护管理水平。

2．室外消防巡检

对于城市道路、消防水源等室外消防设施，室外消防巡检机器人同样大显身手。机器人配备有 GPS 定位系统、高清摄像头、水质检测设备等，可对消防栓位置、外观完整性、水压以及消防水池水质等进行检查。在巡检过程中，图像识别技术可识别消防栓是否被埋压、损坏，水质检测设备可检测消防水池水质是否符合灭火要求。室外消防巡检机器人还能实时将巡检数据上传至消防管理平台，方便管理部门掌握城市消防设施整体状况，及时发现并解决问题，保障城市消防安全。

（三）智能联动与协同作业

1．火灾报警与机器人响应联动

当智能火灾报警系统检测到火灾发生时，会立即将火灾位置、火势大小等信息传输给灭火救援机器人与消防指挥中心。灭火救援机器人根据接收到的信息，自动规划最佳行进路线，迅速赶赴火灾现场展开灭火行动。同时，消防指挥中心根据火灾情况，结合 AI 生成的救援预案，调配其他消防资源，如消防车辆、消防员等前往支援。这种火灾报警与机器人响应的智能联动，大大缩短了火灾响应时间，提高了灭火救援效率。

2．多机器人协同作业

在大型火灾现场，往往需要多种消防机器人协同作业。例如，灭火机器人负责扑灭明火，搜索救援机器人在周边区域搜索被困人员，消防巡检机器人对火灾现场周边消防设施进行检查，确保其正常运行。AI 系统通过对各机器人传输回来的数据进行分析，统一指挥调度多机器人行动，实现协同作业。根据搜索救援机器人发现的被困人员位置，指挥灭火机器人调整灭火策略，为救援开辟通道，提高整体救援效果。

三、智能消防应用挑战与突破路径

（一）AI 与机器人在消防应用中的自主学习与优化

1．基于实战数据的学习

AI 与机器人在消防应用过程中，不断收集实战数据，包括火灾案例、救援行动数据、机器人运行数据等。学习这些数据，AI 系统能够不断优化火灾风险预测模型、救援预案生成算法，提高预测与决策的准确性。机器人则可根据实际作业情况，学习改进自身操作流程与动作策略，提升作业效率与安全性。例如，灭火机器人在多次灭火行动后，通过分析灭火效果与自身操作数据，优化喷射角度与流量控制策略，提高灭火效能。

2．自适应环境变化

火灾现场环境复杂多变，AI 与机器人技术具备自适应环境变化的能力。在火灾扑救过程中，火势蔓延、烟雾扩散、建筑结构变化等都会影响灭火救援行动。AI 系统实时分析现场传感器数据，调整对火灾发展态势的预测，及时为机器人与消防员提供最新决策建议。机器人则根据环境变化，自动调整自身行动模式，如在烟雾浓度突然增加时，搜索救援机器人利用气体传感器与导航算法，调整搜索路线，确保能够准确找到被困人员，增强消防工作在复杂环境下的应对能力。

（二）AI 与机器人在消防领域面临的技术难题

1．复杂环境感知与适应

火灾现场环境极端复杂，高温、浓烟、有毒气体、建筑结构不稳定等因素给 AI 与机器人的环境感知带来极大挑战。例如，在浓烟环境中，机器人的视觉传感器可能无法正常工作，影响其对周边环境的识别与导航。为解决这一问题，需研发多模态传感器融合技术，将视觉、红外、超声波、气体传感等多种传感器数据进行融合分析，提高机器人在复杂环境下的感知能力。同时，利用 AI 算法对传感器数据进行预处理与优化，增强其对复杂环境的适应性，确保机器人能够准确感知环境信息，执行灭火救援任务。

2．算法准确性与可靠性

AI 算法的准确性与可靠性直接影响消防应用效果。在火灾风险预测、救援决策支持等方面，算法若出现偏差，可能导致错误判断，延误救援时机。为提高算法准确性，一方面要不断丰富训练数据，涵盖各种类型火灾案例、不同建筑结构与环境条件，使算法能够学习到更全面的知识。另一方面，加强算法验证与评估，采用多种评估指标与方法，对算法进行严格测试。同时，建立算法更新机制，根据新的火灾案例与实际应用反馈，及时优化算法，确保其在消防领域的可靠应用。

（三）AI 与机器人在消防领域的成本与推广问题

1．研发与制造成本高

AI 与机器人技术在消防领域的应用尚处于发展阶段，研发与制造成本较高。高端传感器、高性能计算芯片、复杂算法研发以及机器人精密制造等都需要大量资金投入，导致消防机器人与智能消防系统价格昂贵，限制了其在消防部门尤其是经济欠发达地区消防部门的推广应用。为降低成本，一方面要加大研发投入，推动技术创新，提高生产效率，降低硬件制造成本。另一方面，通过规模化生产，分摊研发成本，降低产品价格。同时，政府可出台相关政策，对消防 AI 与机器人技术研发企业给予税收优惠、补贴等支持，促进其降低成本。

2. 使用与维护成本负担大

消防机器人与智能消防系统投入使用后，还面临较高的使用与维护成本。机器人需要定期进行保养、维修，智能系统需要持续的技术支持与数据更新。对于一些小型消防部门或社会单位，难以承担这些费用。为减轻使用与维护成本负担，可建立专业化的维护服务体系，由专业公司为消防部门与社会单位提供机器人与智能系统的维护服务，通过规模化运营降低服务成本。同时，研发智能化的维护管理系统，利用 AI 技术对机器人与智能系统运行状态进行实时监测，提前预测故障，降低维护成本，提高设备运行稳定性。

（四）AI 与机器人相关消防人员培训与管理

1. 专业技术人才短缺

AI 与机器人技术在消防领域的应用，需要消防业务和 AI 相关技术的复合技术人才。目前，这类专业技术人才短缺，消防队伍中大部分人员对新技术了解有限，难以充分发挥 AI 与机器人的优势。为解决人才短缺问题，一方面要加强高校相关专业建设，开设消防 AI、消防机器人技术等课程，培养专业人才。另一方面，对在职消防人员进行技术培训，定期组织 AI 与机器人技术培训班，邀请专家授课，通过理论学习与实践操作，提升消防人员技术应用能力。

2. 人机协作管理模式探索

在消防工作中引入 AI 与机器人后，需要建立全新的人机协作管理模式。如何合理分配人与机器人的任务，实现高效协作，是当前面临的挑战。例如，在火灾救援现场，哪些任务适合机器人执行，哪些任务需要消防员配合，需要明确界定。为探索人机协作管理模式，可开展模拟演练与实战测试，总结经验，制定人机协作规范与流程。同时，加强消防员与机器人之间的沟通与协调机制建设，利用先进通信技术，实现人机间的实时信息交互，提高人机协作效率，确保消防工作安全、高效开展。

AI 与机器人技术为消防领域带来了革命性的变革，在火灾风险预测与评估、消防指挥决策支持、灭火救援、消防巡检等方面展现出广阔的应用前景。智能联动与自主学习优化的协同应用，极大提升了消防工作的科学性、高效性与安全性。

然而，AI 与机器人技术在应用过程中也面临技术难题、成本与推广以及人员培训与管理等诸多挑战，需要政府、企业、科研机构以及消防部门共同努力。通过持续的技术创新突破、成本控制策略实施以及人才培养与管理模式优化，逐步克服这些障碍，推动 AI 与机器人技术在消防领域的广泛应用与深度发展。这不仅能够提升消防队伍应对火灾事故的能力，更能切实保障人民生命财产安全，维护社会稳定，为构建安全、和谐的社会环境提供强有力的科技支撑，助力消防事业迈向智能化、现代化的新阶段。

第二节　碳中和目标下的消防技术革新

随着全球气候变化问题日益严峻，碳中和已成为世界各国共同追求的目标。碳中和，即通过植树造林、节能减排等形式，以抵消自身产生的CO_2或温室气体排放量，实现正负抵消，达到相对“零排放”。在这一宏大背景下，消防领域也面临着全新的挑战与机遇。传统消防技术与措施在应对火灾时，往往伴随着能源消耗与碳排放，从消防设施运行、消防车辆出动到火灾扑救过程中的资源使用，都与碳排放密切相关。为契合碳中和目标，消防技术亟待革新，旨在降低消防工作中的碳排放的同时，提升消防安全水平，实现消防事业与生态环境保护的协同发展。

一、碳中和驱动消防体系转型挑战

（一）传统消防能耗与碳排放分析

1．消防设施运行能耗

常见的消防设施，如火灾自动报警系统、自动喷水灭火系统、防排烟系统等，在日常运行中会持续消耗电能。火灾自动报警系统的传感器、控制器需时刻保持通电状态，以监测火灾隐患；自动喷水灭火系统的水泵定期启动维护消耗大量电力。据统计，一座中型商业综合体的消防设施每年耗电量可达数万度，产生相当数量的碳排放。这些设施若长时间运行且能效低下，其累积的碳排放不容小觑，对碳中和目标构成一定压力。

2．消防车辆与装备能耗

消防车辆作为火灾扑救的重要装备，其运行能耗显著。消防车多采用燃油发动机，在奔赴火灾现场及灭火作业过程中，消耗大量燃油，排放CO_2、氮氧化物等污染物。以一辆常规消防车为例，每次出勤往返及灭火作业可能消耗数十升燃油，考虑频繁出动的情况，整个消防队伍的车辆燃油消耗总量十分可观。此外，消防救援中使用的各类破拆、照明等装备，部分也是依靠燃油或电力驱动，同样存在能耗与碳排放问题。

3．火灾扑救过程中的资源消耗与排放

在火灾扑救时，大量消防用水的供应需要水泵加压，这一过程消耗电能或燃油。同时，为控制火势，可能使用大量灭火药剂，部分灭火药剂的生产、运输与使用过程也涉及能源消耗与碳排放。例如，干粉灭火器中的干粉药剂生产需要消耗一定能源，且在火灾扑救后，残留药剂的处理也会带来环境影响。火灾后建筑物的重建，同样会消耗大量资源，产生碳排放，从建筑材料生产到施工建设，各个环节都与碳中和目标紧密相关。

（二）碳中和目标下消防工作的挑战

1．技术转型压力

实现碳中和要求消防技术从传统高能耗、高排放模式向绿色、低碳、高效模式转变。这意味着要研发和应用新型消防材料、清洁能源消防装备、智能化节能消防设施等。然而，技术研发需要大量资金、人力与时间投入，且面临技术难题攻克、市场应用推广等挑战。例如，研发高效且环保的灭火药剂，需经过大量实验测试其灭火效能、环境兼容性等指标，从实验室研究到实际应用，周期较长，给消防技术快速转型带来压力。

2．成本增加问题

采用新技术、新装备、新材料往往伴随着成本上升。绿色环保的消防设施与装备，如电动消防车、新型环保灭火系统等，其研发、制造成本较高，导致采购价格昂贵。对于消防部门而言，无法用有限的预算大规模采购这些新型装备。同时，新型消防技术的维护保养可能需要专业技术人员与特殊设备，进一步增加了使用成本。例如，电动消防车的电池维护需要专业技术与设备，成本高于传统燃油消防车的发动机维护，这在一定程度上阻碍了碳中和导向的消防技术推广应用。

3．法规标准适应性调整

当前消防法规标准主要侧重于消防安全性能，对碳排放与能源消耗考量较少。为适应碳中和目标，需要对消防法规标准进行修订、完善，将低碳、节能、环保等指标纳入其中。但法规标准的修订涉及多个部门，需要广泛调研、论证，过程复杂且耗时较长。例如，在建筑消防设计规范中增加对消防设施能耗标准的规定，需综合考虑不同地区气候条件、建筑类型等因素，确保标准既符合碳中和要求，又具有实际可操作性，这对法规标准的适应性调整提出了较高要求。

二、绿色消防技术创新与装备升级

（一）绿色消防材料研发

1．环保型阻燃材料

传统阻燃材料在生产与使用过程中可能对环境造成污染，如含卤阻燃材料燃烧时会释放有毒有害气体。研发环保型阻燃材料成为趋势，如无机阻燃材料氢氧化镁、氢氧化铝等，具有阻燃效果好、无毒、无烟、不产生二次污染等优点。在建筑领域，将这些环保型阻燃材料应用于建筑外墙保温、室内装修材料中，既能提高建筑防火性能，又符合碳中和环保要求。同时，一些新型有机–无机复合阻燃材料也在不断研发中，通过优化材料结构与配方，进一步提升阻燃性能与环境友好性。

2．可降解灭火药剂

灭火药剂是火灾扑救的关键材料，研发可降解灭火药剂有助于降低其残留物对环境的长期影响。例如，水成膜泡沫灭火剂在使用后，部分成分难以降解，可能对土壤和水体造成污染。新型可降解泡沫灭火剂采用天然生物材料或可降解化学物质为原料，在保证灭火效果的前提下，能够在自然环境中较快分解，降低对生态环境的危害。此外，基于植物提取物的灭火药剂也在研究中，这类药剂不仅环保，还具有一定的生物安全性，为灭火药剂的绿色化发展提供了新方向。

（二）节能消防设施与装备

1．高效节能消防系统

火灾自动报警系统采用低功耗传感器与智能控制技术，降低系统运行能耗。例如，物联网技术可设置传感器按需唤醒，可在检测到异常情况时才启动数据传输与分析，减少不必要的能源消耗。优化自动喷水灭火系统，研发高效节能水泵与智能控水装置，根据火灾规模与发展态势精准控制喷水流量，避免水资源与能源浪费。通过优化系统管网设计，降低水头损失，提高系统运行效率，实现节能目标。

2．清洁能源消防车辆与装备

推广电动消防车是降低消防车辆碳排放的重要举措。电动消防车采用电池作为动力源，运行过程中零尾气排放，相比燃油消防车大幅减少碳排放。随着电池技术不断进步，电动消防车的续航里程、动力性能逐渐提升，能够满足大多数火灾救援场景需求。同时，研发以太阳能、氢能为辅助能源的消防装备，如太阳能照明设备、氢燃料电池驱动的破拆工具等。这些清洁能源装备在有光照或氢气供应的情况下，可持续工作，减少对传统能源的依赖，降低碳排放。

（三）智能消防技术应用

1．智慧消防能耗管理

借助大数据、云计算技术，构建智慧消防能耗管理平台。该平台实时采集消防设施、装备的能耗数据，通过数据分析挖掘，找出能耗异常点与节能潜力点。例如，分析火灾自动报警系统不同时段的能耗数据，发现夜间部分区域传感器能耗过高，可通过调整传感器工作模式或优化系统设置实现节能。利用 AI 算法对消防设施运行状态进行预测性维护，提前发现故障隐患，避免因设备故障导致能耗增加，实现消防能耗的精细化管理。

2．火灾精准防控与减少损失

智能火灾监测与预警技术能够实现火灾早期精准探测，通过对建筑内温度、烟雾、气体浓度等多参数实时监测与分析，及时发现火灾隐患并发出预警，使火灾在萌芽阶段得到控制，减少火灾扑救过程中的资源消耗与碳排放。例如，在大型仓库安装智能火灾监测系统，利用热成像技术与智能分析算法，快速识别发热货物堆垛，提前采取降温等措施，防止火灾发生。同时，智能疏散指示系统根据火灾发展态势，动态调整疏散路线，提高人员疏散效率，同时尽量减少因火灾造成的建筑物损坏与重建带来的碳排放。

三、绿色消防发展支撑体系生态构建

（一）碳中和相关消防政策支持与法规引导

1．制定专项扶持政策

政府应制定针对消防技术革新的专项扶持政策，设立专项资金，用于支持绿色消防材料研发、节能消防设施与装备生产企业。对研发投入给予税收优惠，如研发费用加计扣除，鼓励企业加大技术创新投入。采用新型消防技术与装备的消防部门与社会单位，给予财政补贴，降低其采购与使用成本。例如，对采购电动消防车的消防部门，按照车辆购置价格的一定比例给予补贴，提高消防部门推广应用清洁能源装备的积极性。

2．完善消防法规标准

修订消防法规标准，将碳中和相关指标纳入其中。在建筑消防设计规范中，明确规定消防设施的能耗上限，要求新建建筑优先选用节能型消防设施。对于消防产品认证标准，增加环保性能指标，对环保型阻燃材料、可降解灭火药剂等绿色消防产品给予认证支持。通过法规标准的完善，引导消防行业向绿色、低碳方向发展，确保消防技术革新有法可依、有章可循。

（二）促进碳中和相关产学研合作与技术创新

1．搭建产学研合作平台

搭建消防领域产学研合作平台，促进高校、科研机构与企业之间的深度合作。高校与科研机构在消防技术基础研究方面具有优势，能够为技术创新提供理论支持；企业则具有市场敏锐度与生产转化能力。例如，高校研究人员发现一种新型环保阻燃材料，通过与企业合作，进行材料中试生产与应用测试，最终实现产业化推广。平台定期组织技术交流活动，共享研究成果与市场需求信息，加速消防技术创新成果转化，推动绿色消防技术发展。

2．加强关键技术研发攻关

针对碳中和目标下消防技术面临的关键难题，如高效环保灭火药剂研发、智能消防设施能耗优化等，组织跨学科科研团队进行联合攻关。整合材料学、能源学、计算机科学等多学科力量，协同研究。政府与行业协会提供资金与政策支持，设立重点科研项目，鼓励科研人员突破技术瓶颈。例如，在研发用于消防装备的新型储能技术时，材料学家研究新型电池材料，能源专家优化电池管理系统，计算机专家开发智能充放电控制程序，通过多学科协作，提升消防技术创新能力，推动消防技术革新取得实质性进展。

（三）碳中和相关消防人才培养与意识提升

1．专业人才培养体系建设

高校应加强消防相关专业建设，设置碳中和与消防技术融合的课程，培养熟悉消防专业知识，又熟悉低碳环保技术的复合型人才，并且增加绿色消防材料、节能消防设施原理与应用、智能消防能耗管理等课程。同时，开展实践教学，与消防企业、科研机构合作建立实习基地，学生参与实际项目，提高学生解决实际问题的能力。此外，定期组织在职消防人员参加碳中和与消防技术革新培训，更新知识结构，提升专业素养。

2．行业与公众意识提升

通过举办行业研讨会、技术交流会等，提升消防行业内对碳中和目标的认识和认同，增强企业与消防部门推动技术革新的主动性。利用媒体宣传、公益广告等，向公众普及绿色消防理念，提高公众对消防技术革新的关注度与支持度。例如，制作宣传视频，展示电动消防车的环保优势与灭火效能，宣传环保型消防设施对降低碳排放、保护环境的重要作用，营造全社会关注、支持消防技术革新的良好氛围，为碳中和目标下消防技术革新创造有利条件。

碳中和目标为消防领域带来了深刻变革，传统消防技术的能耗与碳排放现状与碳中和要求存在差距，面临技术转型、成本增加、法规标准调整等诸多挑战。然而，这也促使消防技术需要朝着绿色消防材料研发、节能消防设施与装备应用、智能消防技术深化的方向不断革新。通过研发环保型阻燃材料、可降解灭火药剂，应用高效节能消防系统、清洁能源消防车辆与装备，借助智能消防技术实现能耗管理与火灾精准防控，诸多实践案例已展现出显著成效，在降低碳排放的同时提升了消防安全水平。

为推动消防技术革新持续深入，政策支持与法规引导不可或缺，专项扶持政策与完善的法规标准为技术发展保驾护航；产学研合作搭建创新桥梁，加速成果转化，攻克关键技术难题；人才培养为行业注入新鲜血液，提升行业与公众意识则营造良好发展氛围。在各方共同努力下，消防技术将不断创新进步，助力消防事业在实现碳中和目标的过程中实现可持续发展，为保护生命财产安全与生态环境作出积极贡献，开创消防领域绿色、低碳、高效发展的新局面。

六、绿色消防与清洁能源案例

1．某城市绿色消防设施改造项目

（1）项目背景与目标

某城市为响应碳中和目标，对城市内部分老旧建筑的消防设施进行绿色改造。项目目标是在提升消防安全水平的同时，降低消防设施运行能耗与碳排放。该城市选取了若干老旧居民楼与商业建筑作为改造试点，通过应用新型消防技术与材料，探索适合城市大规模推广的绿色消防设施改造模式。

（2）技术应用与实施

建筑消防设施方面，将传统火灾自动报警系统升级为智能低功耗系统，采用新型红外感应与烟雾探测传感器，配合智能控制模块，降低系统整体能耗。优化自动喷水灭火系统，更换高效节能水泵，安装智能流量控制阀，根据建筑内不同区域的火灾风险等级，精准控制喷水流量。建筑材料方面，以环保型阻燃外墙保温材料替代原有的高污染材料，对室内装修进行阻燃处理，采用可降解的装饰材料。经过改造，项目建筑的消防设施能耗显著降低，经测算，改造后的居民楼消防设施年耗电量较改造前降低了 30%左右，有效减少了碳排放。

（3）效果评估与推广意义

通过对改造项目的长期监测评估，发现不仅消防设施能耗降低，建筑的整体消防安全性能也得到提升，火灾预警及时性提高，消防设施可靠性增强。该项目为城市其他建筑的消防设施绿色改造提供了宝贵经验，可在推广过程中进一步优化技术方案与降低成本，推动城市消防工作向低碳、高效方向发展，助力碳中和目标实现。

2．某消防部门清洁能源车辆试点

（1）试点情况介绍

某消防部门为降低消防车辆碳排放，开展清洁能源车辆试点工作。他们引入了一批电动消防车，并配套建设了充电设施。电动消防车采用先进的锂电池技术，续航里程可达 200 km，满足城市内大多数火灾救援任务需求。消防部门对电动消防车的性能、可靠性、维护成本等各方面进行了全面测试与评估。

（2）运行效果与数据分析

运行一段时间后，数据显示电动消防车在日常出勤与火灾扑救任务中表现良好。与同类型燃油消防车相比，电动消防车每次出勤可减少燃油消耗约 50 L，按照每年每辆车出勤 100 次计算，一辆电动消防车每年可减少排放约 130 t CO_2。同时，电动消防车的维护成本相对较低，主要集中在电池检测与保养方面，其动力系统结构简单，减少了传统燃油车发动机、变速箱等复杂部件的维护工作，维护成本降低约 30%。

（3）经验总结与推广前景

通过试点，消防部门总结了电动消防车在车辆选型、充电设施布局、运行管理等方面的经验。充电设施的合理布局是保障电动消防车高效运行的关键，结合城市消防站点分布与火灾高发区域，建设快充与慢充相结合的充电网络。该试点为消防部门大规模推广清洁能源车辆提供了实践依据，随着电池技术不断进步与成本降低，电动消防车有望成为未来消防车辆的主流，大幅降低消防领域的碳排放。

参考文献

[1]戴明月. 消防安全管理手册[M]. 2 版. 北京：化学工业出版社，2019.

[2]晓筑教育. 消防安全技术实务[M]. 北京：中国计划出版社，2016.

[3]顾金龙，薛林. 城市消防物联网研究与应用展望[M]. 上海：上海科学技术出版社，2015.

[4]顾金龙，薛林. 大型物流建筑消防安全关键技术研究[M]. 上海：上海科学技术出版社，2019.

[5]方正. 高等学校消防安全管理[M]. 武汉：武汉大学出版社，2019.

[6]晓筑教育. 消防安全技术综合能力[M]. 北京：中国计划出版社，2016.

[7]应急管理部消防救援局. 消防安全案例分析[M]. 北京：中国计划出版社，2022.